LE LOUP DANS LA BERGERIE

Le loup dans la bergerie
se prolonge sur le site www.arenes.fr

Éditions des Arènes
27, rue Jacob, 75006 Paris
Tél. : 01 42 17 47 80
arenes@arenes.fr

LE LOUP DANS LA BERGERIE

Eva Joly
Guillemette Faure

Est-ce dans cette Europe-là
que nous voulons vivre ?

les arènes

« Nous traversons le présent les yeux bandés. Tout au plus pouvons-nous pressentir et deviner ce que nous sommes en train de vivre. Plus tard seulement, quand est dénoué le bandeau et que nous examinons le passé, nous nous rendons compte de ce que nous avons vécu et nous en comprenons le sens. »

Milan KUNDERA, *Risibles amours*

« La folie, c'est de faire la même chose encore et encore en espérant obtenir des résultats différents. »

Albert EINSTEIN

Avant-propos

« Les Européens n'aiment pas l'Europe… », regrette le président de la Commission européenne. Jean-Claude Juncker se trompe. Les Européens aiment l'Europe[1]. Mais ils n'aiment pas ce qu'elle est devenue[2].

Je me souviens de ma jeunesse. Nous étions des enfants du baby-boom. De chaque côté du rideau de fer, d'Oslo à Madrid en passant par Varsovie ou Milan, l'Europe était notre nouvelle frontière, notre utopie politique. L'avenir était une promesse et le rêve avait des couleurs vives. Les contempteurs de l'Europe étaient des réactionnaires et des nationalistes d'un temps révolu. Assumant la relève des pères fondateurs, la gauche était fière d'être européenne. Elle parlait de liberté : liberté de circulation, liberté de s'établir ailleurs. Elle parlait de développement, de coopération, d'entraide et de paix.

Que sont nos idéaux devenus ? Notre gueule de bois aujourd'hui est à la hauteur de l'ivresse d'alors. Un repli identitaire s'est imposé dans de nombreux pays d'Europe, la France en premier lieu. À la place de la coopération dont nous rêvions, les pays européens se sont lancés dans une concurrence acharnée pour capter chez eux les richesses de leurs voisins. Les conséquences sont désastreuses, amplifiant les dérives que l'on connaît dans nos pays respectifs. Chaque espace de décision politique, à Paris, Berlin ou Bruxelles, est en effet devenu un espace de marchandage où les entreprises les plus puissantes, les banques et les assurances, leurs conseillers et représentants, sont désormais les interlocuteurs privilégiés des pouvoirs publics. Certains ministères se transforment en guichets pour multinationales, venues négocier les meilleures conditions d'exploitation. Sans plus aucune retenue, usant et abusant du chantage à l'emploi et menaçant d'aller voir ailleurs, elles imposent leurs règles. À l'échelon européen, les ministres agissent dorénavant en VRP de leurs petits intérêts nationaux. Pas ceux des citoyens, mais de ces oligarchies économiques qui chez eux font aussi la loi.

Des promesses des années 1980, seule la paix a été tenue, avec en point d'orgue la chute du mur de Berlin, et la réunification de l'Europe. Mais les autres ?

Nous rêvions de modèle européen. Nos gouvernements ont organisé la libre circulation du capital, tandis que l'Europe sociale est restée un slogan de tribune.

Nous imaginions plus de démocratie ? Les votes ne sont pas respectés. Les décisions essentielles se prennent à des niveaux qui nous échappent, au gré de marchandages opaques, trop souvent hors de toute délibération publique. Comment justifier que des choix européens majeurs – et même des traités qui nous engagent pour des décennies ! –, soient modelés par une armée de lobbyistes privés, solidement installée à Bruxelles, Paris ou Berlin ?

Ce n'est pas de cette Europe-là dont nous rêvions. Ce n'est pas pour léguer à nos enfants et petits-enfants la caricature de la mondialisation financière que je me suis engagée en politique au sein d'Europe Écologie Les Verts, le seul parti français qui porte dans son nom les couleurs de l'Union. Mais c'est bien à une commercialisation rampante de la souveraineté des démocraties que l'on assiste : des lobbies prennent indirectement ou directement la plume pour écrire nos lois, ce qui n'empêche pas à chaque élection nos dirigeants de se faire élire en promettant de remettre à sa place le pouvoir financier.

Un homme incarne cette trahison des clercs qui nous gouvernent : Jean-Claude Juncker, le président de la Commission européenne. Pour les citoyens européens, Juncker est un illustre inconnu. C'est l'un des Mr Nobody de l'UE. On s'est habitué au ballet des hommes interchangeables, petits gris passe-partout, qui tiennent tribune à Bruxelles en notre nom. Pour les journalistes accrédités, c'est un homme affable, qui fait le show devant les caméras lors des sommets, serrant dans ses bras les chefs de gouvernement le rire aux lèvres, aimant la bonne chère et le bon vin. Pour les hauts fonctionnaires, il est un interlocuteur de longue date, dont ils partagent la novlangue difficilement compréhensible en dehors des murs des institutions.

L'accession de Jean-Claude Juncker au pouvoir est pourtant la preuve qu'il y a quelque chose de pourri au royaume de l'Europe. Son élection a sonné la fin d'un cycle politique et nos adversaires ont remporté la partie, même provisoirement. Accepter, à une large majorité du Parlement, que le visage de l'Union soit un homme qui pendant vingt ans a œuvré à la prospérité du Luxembourg, ce paradis pour les banquiers et les amateurs d'opacité financière, en dit long sur le désarroi qui est le nôtre.

Qu'était le Luxembourg en 1945 ? Un petit pays – le tiers du Loir-et-Cher ! – avec des vaches, quelques usines sidérurgiques et un grand-duc désargenté. Soixante ans plus tard, grâce aux capitaux étrangers, le Luxembourg est le pays le plus riche du monde, avec un PIB par habitant qui bat des records chaque année.

« On a profité de l'Europe et de la non-Europe », a dit un président de la Banque centrale luxembourgeoise. « C'est Al Capone », a-t-on aussi entendu dans la bouche d'un consultant employé par une banque privée luxembourgeoise. Comme le lui a confié benoîtement l'ancien ministre des Finances français Jean Arthuis: « Quand tu étais à la tête de l'Eurozone, le matin, tu nous rappelais nos obligations et l'après-midi, tu nous faisais les poches[3]... »

Tout est dit: « Al Capone », « Tu nous faisais les poches », « la non-Europe »... Pourtant ces réquisitoires, entendus des centaines de fois, ne semblent pas devoir être suivis d'effet. L'apathie des pays voisins qui se font piller en dit long sur la bienveillance qui a entouré la montée en puissance du Luxembourg comme place forte de l'opacité fiscale et financière. Pourquoi? Parce que le Luxembourg a rendu nombre de grands services. Le Luxembourg a permis dès les années 1950 aux banques allemandes et françaises de contourner des régulations nationales jugées trop contraignantes. Pour faire libérer des otages, des rançons jamais avouées ont transité par les canaux de la chambre de compensation Cedel, devenue Clearstream, à Luxembourg ville, tout comme les avoirs des oligarques russes du clan Eltsine, alliés des Occidentaux. Pour financer illégalement la vie politique, l'opacité luxembourgeoise s'est aussi avérée bien utile.

Jean-Claude Juncker incarne cette classe politique qui, parfois par dépit et résignation, a joué double jeu. Pendant des années, d'une main, Juncker/Dr Jeckyll, Européen bon teint, agissait pour la libre circulation du capital au nom du pragmatisme et de la construction d'un marché commun. De l'autre main, l'habile Juncker/Mr Hyde dirigeait un pays qui profitait justement d'une architecture européenne pleine de failles pour détourner les revenus d'entreprises étrangères, privant ses voisins de revenus fiscaux. Et au terme de ce jeu de bonneteau, le voilà président de la Commission européenne !

« Ma présidence est la présidence de la dernière chance », répète à l'envi Jean-Claude Juncker, blâmant la montée des populismes et le manque de volonté des États européens. Pourtant, il incarne par sa vie politique ce qu'il dénonce par ses mots. Il est le visage d'une classe politique complaisante avec les lobbies. Son pays est un laboratoire de l'impuissance politique, où l'exercice de la souveraineté est laissé, comme nulle part ailleurs, aux soins de l'hyperclasse financière. Jean-Claude Juncker est le symbole d'une crise morale sans précédent, d'un système qui, face à la contestation grandissante, joue la fuite en avant, au risque d'emporter avec lui nos rêves européens.

Comment en est-on arrivé là ? C'est la question que pose ce livre que nous avons écrit avec la journaliste Guillemette Faure. Nous avons été sur ses traces à Bruxelles et au Luxembourg. Jean-Claude Juncker n'est pas sorti du chapeau un beau matin ; il a une histoire et une œuvre politiques. Tout est sur la table. Le président de la Commission européenne a longtemps été protégé par l'ennui qu'il inspirait. Nous avons rassemblé les éléments du puzzle. Juncker est bien le visage de l'Europe, mais ce n'est pas le plus beau.

Cinq cents millions de citoyens européens ont pour leader officiel cet homme-là. Pourquoi écrire un livre sur un homme politique sans aspérité, que personne ou presque ne reconnaîtrait dans la rue, issu d'un pays minuscule que nul ou presque n'a visité ? Parce ce que tirer le fil Junker, c'est remonter le fil d'Ariane dans le labyrinthe de l'Europe des trente dernières années. Son histoire est vieille comme le monde : celle du loup qu'on laisse entrer dans la bergerie.

Eva JOLY

Petite chronologie pour les non-Luxembourgeois

1954 : Naissance de Jean-Claude Juncker à Redange, commune de 2 600 habitants, chef-lieu de canton.

1974 : Adhésion au Parti populaire chrétien social.

1982 : Il devient secrétaire d'État au Travail et à la Sécurité sociale.

1984 : Ministre du travail et ministre délégué au Budget dans le gouvernement Jacques Santer, dont il est le fils spirituel et l'héritier.

1989 : Ministre des Finances et ministre du Travail au Luxembourg, membre du Conseil des gouverneurs de la Banque mondiale.

1989 : Le Luxembourg instaure le secret bancaire.

1991 : Criminalisation du non-respect du secret bancaire au Luxembourg.

1995 : Le Luxembourgeois Jacques Santer devient président de la Commission européenne, Jean-Claude

Juncker, Premier ministre du Luxembourg (en restant ministre des Finances et ministre du Travail), membre du Conseil des gouverneurs du FMI.

1997 : Au Luxembourg, le rapport Krecké sur les pratiques fiscales est amputé d'une page mettant en garde Juncker sur les risques liés à la pratique des rescrits fiscaux. Juncker a droit à la version entière du rapport.

Juncker occupe la présidence tournante du Conseil de l'Union européenne.

Formation informelle du forum des ministres des Finances qui deviendra l'Eurogroupe.

2002 : Publication du rapport de l'Assemblée nationale sur les paradis fiscaux.

Jean-Claude Juncker est élevé grand officier de la Légion d'honneur par Jacques Chirac.

2003 : Les nouvelles règles sur la TVA en Europe autorisent des exceptions pour les services électroniques.

Installation d'Amazon au Luxembourg.

2004 : « J'ai "lobbyé" personnellement pour que ces entreprises choisissent de faire du Luxembourg leur base européenne et jamais je n'éprouverai le besoin de me justifier. »

2005 : Président de l'Eurogroupe.

Président du Conseil de l'Union pendant le premier semestre. À propos du référendum français sur le traité établissant une Constitution pour l'Europe, il fait preuve d'un cynisme tranquille : « Si c'est oui, nous dirons donc : "on poursuit" ; si c'est non, nous dirons : "on continue" ! »

2006 : « Nous voulons maintenir cet environnement – le fiscal – et c'est pourquoi le gouvernement luxembourgeois se bat contre la directive proposée par la Commission européenne. »

2007 : Propose à DSK de se présenter au FMI et de faire campagne pour sa candidature.

2008 : Crise financière mondiale. Juncker semble avoir disparu.

2010 : Réélu à la tête de l'Eurogroupe.

2011 : Déclare en conférence : « Quand les choses deviennent sérieuses, vous devez mentir. »

2012 : Scandale du renseignement au Luxembourg.

2013 : Fin de mandat à la tête de l'Eurogroupe. Démissionne du gouvernement luxembourgeois.

Juillet 2014 : Juncker promet au Parlement européen de « mettre de la moralité, de l'éthique dans le paysage fiscal européen ».

1er novembre 2014 : Président de la Commission européenne.

5 novembre 2014 : Scandale Luxleaks.

3 avril 2016 : Scandale des Panama Papers. Un quart de toutes les sociétés écrans créées l'ont été sur demande d'une banque luxembourgeoise.

1

Des hauts-fourneaux à la tête de l'Europe

« Mes parents ont toujours travaillé. »

À Belvaux, petite ville du bassin minier luxembourgeois, la rue d'Etz est une longue ligne droite, le long de laquelle sont alignées de petites maisons d'ouvriers sur deux étages. Certaines ont été reconstruites, agrandies. D'autres repeintes de couleurs pastel.

En haut de la rue, la boulangerie Welcome, tenue par des Portugais, vend des brioches fourrées à la crème, comme au Portugal, et des petits pâtés en croûte au Riesling, eux bien luxembourgeois. Au café The Face, deux Français descendent des whisky-Coca en plein après-midi. Frontaliers, comme 42 % de ceux qui travaillent au Luxembourg[1 et 2], ils vivent côté français découragés par les prix de l'immobilier luxembourgeois. Derrière le bar, une serveuse slovène a apporté du gâteau pour son anniversaire. L'Europe ici s'apprécie au quotidien.

À Belvaux, se raconte aussi l'histoire de ce type qui buvant une bière discutait avec son voisin de comptoir et lui demanda ce qu'il faisait dans la vie. « Moi, je suis Premier ministre… » On ne sait pas si l'histoire est vraie mais elle pourrait l'être.

Au début des années 2000, les étrangers qui venaient rencontrer le Premier ministre au Luxembourg s'étonnaient de la fenêtre de son bureau donnant sur la rue. On aurait pu y toquer pour dire bonjour. Jean-Claude Juncker est comme ça. Un type sympa, un voisin de comptoir fidèle à ses origines. Il est affable, c'est à cela qu'il doit sa carrière.

On en mesure l'envolée en redescendant un peu plus bas le long de la rue d'Etz. Au numéro 148, une maison crème à la façade lavée par les années. C'est là qu'a grandi le président de la Commission européenne[3]. C'est là, sur les cinq marches qui mènent à l'entrée, qu'il se souvient avoir regardé les ouvriers partir au travail, parmi lesquels son père. C'est de là, raconte-t-il, qu'il entendait les sirènes des hauts-fourneaux que l'on aperçoit encore côté jardin.

La boîte aux lettres du numéro 148 porte plusieurs noms. Comme à l'époque où sa famille partageait le bâtiment et sa salle de bains avec un couple d'instituteurs à l'étage et un immigrant italien qui vivait dans la mansarde. Sur le trottoir d'en face, la station-service. Autrefois, elle était plus haut dans la rue. Juncker venait y donner un coup de main. C'est là qu'il a fait ses premiers petits boulots. Travailler. « Mon père a toujours travaillé, ma mère a toujours travaillé… » À ce souvenir, sa voix se brise dans une conférence de presse. « Moi aussi j'ai toujours travaillé… » Fils du bassin minier devenu secrétaire d'État à 28 ans, puis Premier ministre et enfin président de la Commission européenne…

Fils d'ouvrier. Fils de syndicaliste. Ainsi le dit la biographie officielle. C'est son oncle, syndicaliste lui aussi, qui lui a mis le pied à l'étrier en politique. Le roman familial a été un peu retravaillé. Le père de Juncker n'était pas ouvrier, mais plutôt contremaître[4] en charge de la sécurité sur le site des hauts-fourneaux. La nuance importerait peu s'il n'en avait pas fait la caution de ses engagements sociaux. « À 17 ans, en pleine rébellion, je flirtais avec la IVe Internationale et j'expliquais à mon père et à ma mère que leur vie bourgeoise, à mes yeux, ne représentait rien du tout », assure-t-il à un journal luxembourgeois.

Jean-Claude Juncker a choisi de se définir en fils du pays minier. Lorsque, le 6 février 2002, il est fait grand officier de la Légion d'honneur, le président Jacques Chirac rappelle l'engagement syndical du Premier ministre luxembourgeois qu'il félicite d'avoir donné « l'impulsion à cette Europe sociale ». Pas un mot sur l'activité financière moteur de la croissance luxembourgeoise. Lors du déjeuner qui suit à l'Élysée, personne ne mentionne ce rapport publié quelques jours plus tôt par deux jeunes députés français – Montebourg et Peillon – qui taxe le Luxembourg de « paradis bancaire au sein de l'Union européenne ». Avoir un double visage permet de présenter dans chaque occasion celui qui sied le mieux.

En septembre 2015, Juncker s'affiche comme l'homme de tous les combats sociaux alors qu'il intervient lors du Congrès de la Confédération européenne des syndicats à la Mutualité. « Pour moi, vieux jeu, le contrat de travail normal est un contrat à durée indéterminée… », déclare-t-il au pupitre. « Il n'est pas normal que les contrats de travail atypiques (CDD, intérim…) soient en train de devenir typiques. » De tous les syndicats invités ce jour-là, de tous les intervenants, celui qui a fini brouillé avec les syndicats de son pays est le plus applaudi. Capitaliste rhénan plutôt *old school*, il a l'intelligence de comprendre qu'il ne faut pas humilier les salariés et leurs représentants. Double face encore.

« Réformer, ce n'est pas se vautrer dans je ne sais quel délice du néolibéralisme… » Toujours à la Mutualité, Jean-Claude Juncker s'en prend à ceux qui affichent « une volonté féroce de tout vouloir flexibiliser ». Finie la concurrence des travailleurs déplacés, le nouveau président de la Commission européenne veut faire instaurer « un socle de droits sociaux minimum », un cordon sanitaire pour protéger les travailleurs. « À même travail, les mêmes salaires et les mêmes droits. » Ce jour-là, Juncker qui, à la tête de l'Eurogroupe, a donné son aval à tant de plans d'austérité en Europe, se fait applaudir en proposant aux syndicats de les défendre… contre les dérives de l'Europe qu'il a mise sur pied, le tout à la Mutualité, qui a abrité tant de réunions politiques et de grands combats sociaux et qui est maintenant gérée par un opérateur privé[5]… Double face, toujours.

2

Bienvenue au Luxembourg, pays le plus riche du monde

« Un pays né de la grande pauvreté. »

C'est un drôle de pays que le Luxembourg. Tout le monde en connaît le nom, plus rares sont ceux qui y sont allés. « Je ne saurais même pas le placer sur une carte », nous disait un banquier d'affaires américain pourtant familier du magnétisme qu'exerce ce pays sur les plus fortunés.

Si l'image que nous en avons est aussi floue, c'est notamment dû à la rapidité à laquelle le pays s'est réinventé.

Au début du XXe siècle, le Luxembourg vit une misère noire. De France, on en connaît alors surtout les bonnes, luxembourgeoises qui arrivent perdues gare de l'Est, les aides allemandes ayant été massivement renvoyées par leurs employeurs français après la guerre de 1870[1]. Des familles s'exilent aussi vers l'Amérique du Sud et les États-Unis.

L'essor de la sidérurgie va sortir le Luxembourg de ce dénuement, mais la mémoire collective y porte encore les traces d'années de misère endémique, observe l'historien luxembourgeois Claude Wey. « Pays né de la grande pauvreté, devenu riche grâce à une mono-industrie, il prolonge cet état à travers une monoactivité[2] », l'essor de l'industrie financière.

Le Luxembourg est aujourd'hui le pays le plus riche par habitant[3]. Cette richesse, vous la respirez à des petits détails. Le salaire minimum est le plus élevé d'Europe : 1 900 euros par mois, l'équivalent du salaire médian en France. Les publicités des magazines vantent les services de gestionnaires de fortune. Cette nouvelle fortune se vit décomplexée. Quand le ministre de l'Économie Étienne Schneider part retrouver Arnaud Montebourg en vacances, le Français lui demande d'avoir la discrétion de ranger sa Rolls Royce dans la rue d'à côté[4].

Dans les environs de Redange, près de la frontière belge, où Jean-Claude Juncker est né en 1954, les voitures de sport et autres modèles automobiles de luxe garés devant les fermes aujourd'hui sont loin des véhicules que l'on croise dans les campagnes françaises ou norvégiennes. C'est l'opulence. Quant à la ville de Luxembourg, vous y voyez des grues un peu partout. En 2015 encore, la croissance économique du pays devrait s'établir à 4,7 %[5], qui dit mieux ?

Dans la capitale, le plateau de Kirchberg est probablement le quartier qui raconte le mieux les dernières décennies. Verte campagne il y a un demi-siècle – le grand-duc allait y chasser la perdrix[6] – il était occupé par des maraîchers jusqu'à ce que les bâtiments des institutions européennes s'y installent au début des années 1960, avant d'être rejoints par des banques de tous pays à partir des années 1990. Trente-cinq mille personnes y travaillent de nos jours. Si les propriétaires de champs de choux et de pommes de terre sont riches aujourd'hui, c'est grâce à la valeur qu'ont prise les terrains. Et si on y compte les patates, c'est au sens figuré. La large avenue Kennedy qui fend le plateau est bordée de compositions de miroirs géants et d'aluminium, aux enseignes des différentes banques, parmi lesquelles désormais quelques grands établissements chinois. Des sculptures géantes de Jean Dubuffet, Fernand Léger ou Frank Stella marquent les lieux et leurs ambitions. Des 143 banques aujourd'hui installées[7] dans le pays, beaucoup sont ici. Les « services financiers » représentent ainsi plus d'un tiers des revenus du pays[7]. En 2014, 3 905 fonds d'investissement étaient domiciliés au Luxembourg[8] et on estime à 3 500 milliards le montant des actifs sous gestion dans le pays[9]. Derrière d'autres vitres, l'on trouve aussi les sièges des pieuvres Internet internationales qui, comme Skype ou Amazon, se sont établies au Luxembourg.

En circulant à travers la ville, il vous arrive de tomber sur quelques moutons ou un bout de ferme, des restes du passé qui ont survécu dans les interstices de sa révolution financière. Évidemment, dans votre promenade au Luxembourg, vous ne verrez pas les sièges des cinquante mille holdings étrangères – une pour dix habitants – installées dans le petit pays. Le géant de la distribution Walmart – le Carrefour ou le Leclerc américains taille XXL – a fondé 22 entreprises au Luxembourg… Où il n'a installé aucun supermarché[4] ! On droit travailler très serrés dans ces bâtiments. Plus de 1 600 entreprises sont domiciliées au 5, rue Guillaume-Kroll, 1 450 au 2, avenue Charles-de-Gaulle et plus de 1 300 au 46A, avenue Kennedy[10]… Le quatrième critère de l'OCDE pour définir un paradis fiscal est la tolérance envers les sociétés ayant une activité fictive[11]. Au Luxembourg, ces coquilles juridiques concernent désormais toutes sortes d'activités. On estime à 5 % la part des investissements étrangers au Luxembourg qui correspondent à une activité réelle ! Les armateurs ne sont plus les seuls à pratiquer la course à l'évasion fiscale. Même les coiffeurs aujourd'hui constituent des holdings au Luxembourg !

À défaut de voir les bureaux de ces sociétés boîte aux lettres, vous apercevrez les sièges bien réels des Big Four, les sociétés d'audit qui ne vivent plus de l'audit depuis longtemps, mais beaucoup de l'optimisation fiscale, régulièrement contraintes à déménager pour accueillir de nouveaux employés par centaines[12 et 13], vous verrez encore les cabinets d'avocats et entreprises de conseil fiscal de toutes tailles, porte d'entrée dans le pays pour les entreprises étrangères.

Bien sûr, cette transformation fulgurante n'est pas du goût de tout le monde. Le pays est devenu si riche que plusieurs milliers de foyers ont dû émigrer côté français ou côté allemand, contraints à devenir des frontaliers, leur pays désormais trop cher pour eux.

Pas question pour autant d'en partir trop loin, car il fait bon être malade ou vieux, voire les deux, au Luxembourg. La richesse y est suffisamment bien redistribuée pour que personne n'ait envie de s'élever contre cette nouvelle économie. Les retraites peuvent y atteindre 90 % du dernier salaire, la sécurité sociale (qui repose sur des cotisations patronales et salariales comme ailleurs, mais aussi fiscales) est en pleine forme.

Tout cela est rendu possible grâce aux revenus que le Luxembourg a détournés d'autres pays. « La richesse du Luxembourg vient de l'aide que le pays fournit à des entreprises pour qu'elles ne paient pas leurs impôts dans les pays où elles créent leur valeur », a très bien résumé Pascal Saint-Amans de l'OCDE[7], à propos de cette formidable prospérité construite sur l'opacité et le contournement des règles.

Deux décennies auront suffi à cette métamorphose. Deux décennies pendant lesquelles Jean-Claude Juncker était Premier ministre du Luxembourg.

3

L'Europe, une belle réussite… pour le Luxembourg

« L'euro et moi sommes les seuls survivants du traité de Maastricht. »

Jean-Claude Juncker est sincèrement dépité quand il découvre l'euroscepticisme. Depuis le Luxembourg où il passe la moitié de ses semaines, comment pourrait-il comprendre le malaise européen ? Vu de cette « petite ville devenue un carrefour de l'Europe », pour reprendre les mots de Jean Monnet, l'Union européenne est une réussite. Sur le plateau de Kirchberg, les drapeaux européens flottent le long des bâtiments de verre et d'acier.

Les Luxembourgeois sont les plus europhiles de tous les Européens : 85 % d'entre eux se sentent européens (contre 57 % des Français, par exemple[1]). Quand on est luxembourgeois, on est viscéralement européen. On vit coincé entre l'Allemagne, la France et la Belgique. On parle plusieurs langues. Jean-Claude Juncker en est un pur produit, scolarisé en Belgique d'abord, diplômé de l'université de Strasbourg, maîtrisant cinq langues.

Le Luxembourg échappe aussi au discours ambiant anti-immigrants. 78 % des Luxembourgeois estiment que les immigrants ont apporté beaucoup à leur pays (la moyenne européenne est de 46 %[2]) et on y a adopté le droit du sol à l'heure où d'autres envisagent les déchéances de nationalité. Le Grand-Duché est depuis le début de l'industrialisation un pays d'immigration. Jean-Claude Juncker parle volontiers de l'immigrant italien qui vivait dans une mansarde au-dessus de l'appartement de sa famille. Fallait-il que la situation économique de l'Italie soit désastreuse pour qu'il se soit résigné à laisser sa famille derrière lui. Aujourd'hui, les étrangers représentent 46 % des résidents luxembourgeois[3], parmi lesquels beaucoup de Portugais arrivés en masse à la fin des années 1960. Plus récemment, la réinvention du Luxembourg en paradis fiscal pour les entreprises high-tech a fait exploser la présence américaine.

Le nom de Robert Schuman, né au Luxembourg avant de devenir un des hommes politiques français de l'après-guerre, démocrate très chrétien et l'un des « pères fondateurs de l'Europe », est partout, des rues aux bâtiments.

Certains vous expliqueront ce sentiment pro-européen par les guerres qui ont ravagé le pays. Jean-Claude Juncker a grandi sur ce terreau. Son père, enrôlé dans la Wehrmacht, a combattu sur le front russe. Un seul continent pour se protéger des guerres ? C'était encore ce qu'il promettait en 2005 quand les Luxembourgeois ont été amenés à se prononcer sur le traité constitutionnel européen, et sa sincérité ne peut être mise en doute sur ce plan.

Au Luxembourg, l'argument porte depuis longtemps. Au sortir de la Seconde Guerre mondiale, comme un vaccin contre ce que les nationalismes peuvent produire de pire, le Luxembourg est membre fondateur de toutes les institutions de coopération : les Nations unies, le Benelux, le Conseil de l'Europe, l'Otan.

Mais dès cette date, l'Europe sans frontières est pour le Luxembourg à la fois un idéal pacifique et le débouché économique indispensable d'un pays sans marché intérieur. Malgré la petite taille et la faible population du pays, son importante production sidérurgique lui vaut d'être représenté à égalité dans les organes communautaires[4]. Le CECA y établit son siège provisoire en 1952. Après le traité de Rome, en 1957, d'autres institutions viennent s'y installer.

Les Américains observent tout cela d'un œil bienveillant. Après tout, ils ont appelé de leurs vœux la construction européenne. C'était même (on l'oublie souvent) la condition à l'obtention du plan Marshall !

À mesure que s'échafaude l'Europe politique, le Luxembourg va y jouir d'une place de choix. Sa petite taille est un atout… « Le Luxembourg, courtier honnête de l'Europe », fait-on dire à Roosevelt. Le pays est un trait d'union naturel entre la France et l'Allemagne. Quand on est luxembourgeois, on se doit d'être en bons termes avec ses voisins français et allemand. Helmut Kohl et François Mitterrand conversaient souvent à trois, avec Juncker, *go-between* linguistique, quand ils voulaient être deux. Et la visibilité de Juncker sur la scène internationale remonte au conseil de Dublin en 1996 où il rapprocha Jacques Chirac et Helmut Kohl au sujet du pacte de stabilité : le couple franco-allemand a un chaperon luxembourgeois.

À l'époque, le nom de Jean-Claude Junker ne dit pas grand-chose en France[5]. Mais, il est déjà partout dans les coulisses européennes. Au début de sa carrière politique, il commence en effet par travailler pour le Premier ministre Pierre Werner, un des artisans du rapprochement franco-allemand. Jeune ministre des Finances luxembourgeois, lors de la présidence du Luxembourg de 1991, il est déjà un des grands architectes du traité de Maastricht dont il a rédigé plusieurs pages, notamment sur l'union économique et monétaire. Il sera signataire du traité l'année suivante et blague aujourd'hui en disant que « les seuls survivants du traité de Maastricht[6] » sont l'euro et lui-même.

Le loup Juncker est donc entré dans la bergerie à pas feutrés. Mais en apparence c'est un si petit loup… Un loup luxembourgeois. Or le Luxembourg… Un demi-million d'habitants, la taille d'une grande ville française, par définition ça n'est pas menaçant. « Tu ne vas quand même pas rester à la tête de ta sous-préfecture », lui disait Chirac[7]. Imaginez un gros loup, un loup allemand ou français… Là, les membres européens auraient tremblé.

Être originaire d'un petit pays vous fait peser plus lourd politiquement en Europe. Juncker l'a observé pendant son ascension politique. Il a pu devenir Premier ministre quand son prédécesseur, Jacques Santer, a été nommé président de la Commission européenne. Il suivra le même parcours, troisième président de la Commission européenne originaire du Luxembourg. Trois ! Soit deux de plus que l'Allemagne, le Royaume-Uni ou l'Espagne[8]. « Ce n'est pas la première fois que l'Union européenne fait le choix d'une médiocrité non menaçante : deux autres Luxembourgeois – Gaston Thorn et Jacques Santer – viennent à l'esprit », persifle *The Economist*[9] à propos de ces Luxembourgeois qui doivent leur carrière à l'incapacité de grands États à se mettre d'accord entre eux.

On pourrait imaginer que la réputation fiscale grandissante du Luxembourg depuis la fin des années 1980 handicape le pays pour devenir une autorité sur la construction de l'Europe, en particulier financière. Il n'en est rien. Quand se forme le groupe des ministres des Finances de la zone euro – l'Eurogroupe – c'est à l'instigation de Jean-Claude Juncker, et il en prendra la tête naturellement quand le groupe se dotera en 2005 d'un président permanent[10]. Certes, le *Canard enchaîné* s'étonne de voir le « grand argentier de l'Europe à la tête d'un paradis fiscal[11] ». Mais Juncker et le Luxembourg ont toujours pu compter sur une certaine bienveillance des autres pays européens, même après l'éclatement de scandales à répétition.

Peu importe son origine, l'argent qui coule à flots au Luxembourg aide le pays à gagner de l'influence au sein de l'Union. « Il est devenu président de l'Eurogroupe grâce à son triple A ! », rappelle l'ancien ministre français du Budget Jean Arthuis, député européen au Budget. Un triple A, c'est la notation la plus élevée des agences qui analysent la santé financière des entreprises et des États. Une marque de prospérité, de solidité financière pour les investisseurs. « Et il est plus facile d'être triple A quand on est un pays qui fait du *ruling* fiscal et qu'on arrive ainsi à une relative prospérité… » Le Luxembourg s'est réinventé grâce à des pratiques peu orthodoxes… qui lui donnent une santé financière insolente et donc les moyens de veiller sur les pratiques financières des pays voisins.

La ville de Luxembourg est de fait la deuxième capitale européenne. Vingt mille personnes y travaillent pour les institutions européennes, nombreuses à y être hébergées : la Cour de justice, Eurostat, les services administratifs du Parlement, la Banque européenne d'investissement, le Fonds européen de stabilité financière, les services de traduction écrite…

Après la crise grecque, il avait même été question que le fonds pour les privatisations ait son siège au Luxembourg… avant que les auteurs de cette idée incongrue ne réalisent la provocation que cela représenterait et fassent marche arrière. Bref, si vous étiez luxembourgeois, vous aussi, vous seriez europhile. Et si vous étiez Jean-Claude Juncker encore plus.

4

Les révélations de Luxleaks

« Un coup de hache dans la solidarité européenne. »

Antoine Deltour est un jeune homme plutôt timide. À ses airs d'Harry Potter, rien ne laisse imaginer qu'il puisse être un ancien du cabinet PWC dont il a démissionné en octobre 2010. Dans son travail, il a découvert des pratiques fiscales qui permettaient à des entreprises de bénéficier de taux effectifs d'imposition ridicules au Luxembourg. Il a voulu en garder une trace en faisant un simple copier-coller de centaines de fichiers.

Le journaliste Édouard Perrin, à la curiosité aiguisée par un commentaire qu'Antoine avait laissé sur un blog, l'a contacté pour un reportage pour le magazine *Cash Investigation*. Les documents d'Antoine Deltour ont ensuite été transmis à l'International Consortium of Investigative Journalists, un groupement de journalistes alors d'une quarantaine de médias.

Le 5 novembre 2014, Jean-Claude Juncker était président de la Commission européenne depuis quatre jours quand ces médias ont simultanément publié leurs enquêtes conduites à partir de ces documents (et de ceux plus tard transmis par un autre lanceur d'alerte) : 28 000 pages révélant le contenu de centaines d'accords fiscaux conclus par des cabinets d'audit avec le fisc luxembourgeois pour le compte de multinationales. « De l'évasion fiscale à une échelle industrielle », concluait le *Guardian* après la publication, un mois plus tard, d'une nouvelle vague de documents élargissant le scandale à d'autres entreprises et à trois autres cabinets d'audit.

Les pratiques fiscales luxembourgeoises, nous étions quelques-uns à les dénoncer depuis plus de vingt ans. « Juncker incarne un pays qui est un scandale », nous a encore récemment dit – en off bien sûr ! – le président d'une grande entreprise du CAC 40. Mais jusque-là, nous ne pouvions parler d'évasion, de fraude ou de blanchiment sans que Jean-Claude Juncker prenne des airs exaspérés, scandalisés ou menaçants… Le scandale a pris le nom de Luxleaks, nous donnant accès aux « usines de production » de ces montages tamponnés dans des bureaux gouvernementaux entre 2002 et 2010, soit ses années de Premier ministre.

La réalité était au-delà de ce que nous imaginions. Luxleaks montrait que des centaines de multinationales avaient réussi à échapper à la fiscalité des pays où elles exerçaient leurs activités en créant des sociétés au Luxembourg qui les taxaient, par des dérogations négociées en secret, à des taux proches de zéro plutôt qu'aux 29 % officiellement en vigueur[1].

Non seulement ces multinationales ne payaient quasiment aucun impôt au Luxembourg, mais elles n'en réglaient évidemment pas plus dans les pays dans lesquels elles réalisaient leur chiffre d'affaires. Se faisant l'écho de nombreux pays européens, le vice-chancelier allemand Sigmar Gabriel parle d'un « coup de hache dans la solidarité européenne[2] », et même d'un « racket ». Pour les chefs de petites entreprises, c'est révoltant et incompréhensible. Les PME s'acquittent de la totalité de leurs impôts envers leurs États respectifs tandis que les multinationales ont les moyens de s'y soustraire.

Au sein des institutions européennes, le choc est violent. Les documents rendus publics courent jusqu'en 2010. Tous ont été établis pendant les années au cours desquelles le nouveau président de la Commission européenne Jean-Claude Juncker dirigeait le Luxembourg. Nous étions en novembre 2014. Quatre mois plus tôt, dans un discours devant le Parlement européen à Bruxelles, nous l'avions écouté nous promettre sans rire de « mettre de la moralité, de l'éthique dans le paysage fiscal européen » ! Candidat à la présidence de la Commission européenne, il affirmait imperturbable : « Nous devrions intensifier nos efforts pour lutter contre l'évasion et la fraude fiscales, afin que chacun apporte sa juste contribution[3] ».

Ce fléau auquel il nous avait promis de s'attaquer, nous avions la preuve qu'il s'était développé avec son assentiment et sa protection pendant des années. Les documents allaient au-delà de nos craintes. Et pourtant, confondu, Jean-Claude Juncker ne s'est pas démonté. Comme si de rien n'était, il a participé, dix jours après Luxleaks, à un sommet du G20 dont l'un des thèmes était l'évasion fiscale.

Chez lui, au Luxembourg, pendant les « affaires »… les affaires ont continué. Le président de PWC s'est félicité que son entreprise, surmontant la tempête, ait « réussi à s'imposer en leader dans le débat international sur la fiscalité et maintenu une solide croissance économique[4] ». Dans l'année qui a suivi Luxleaks, l'activité « conseil fiscal » de sa société a progressé de 15 %.

Quant aux multinationales, quelques-unes ont subi des redressements, mais pour des montants ridicules au vu de leur activité. Seule réforme notable, le Luxembourg a lancé une grande mission de consultation pour revoir son image à l'étranger[5].

En revanche la justice a été implacable pour Antoine Deltour, le jeune homme dégoûté par les pratiques qu'il avait découvertes, assez idéaliste pour prendre des risques au nom du bien commun. Poursuivi tout comme Édouard Perrin au Luxembourg, avec cinq chefs d'inculpation dont celui de violation du secret professionnel, il y encourt cinq ans de prison et un million d'euros d'amende[6].

Le lanceur d'alerte se retrouve sur le banc des accusés, tandis que les fautifs sont gratifiés. Comment une telle inversion des valeurs a-t-elle pu être possible ?

5

Le chef de clan

« Moi ce que j'aimerais, c'est la transparence sur les ventes d'armes. Toutes… »

Personne parmi les dirigeants européens n'a découvert le bilan fiscal de Jean-Claude Juncker grâce à Luxleaks. Ils ne sont pas assez naïfs pour cela. Le Luxembourg n'aurait jamais connu cet essor financier si les élites financières françaises, allemandes et belges n'avaient pas participé à ce jeu, avec l'assentiment voire la participation de leurs gouvernements lorsqu'il fallait couvrir des montages acrobatiques pour signer de grands contrats internationaux.

Des années avant son élection à la tête de la Commission européenne, le Luxembourg avait déjà fait l'objet d'un rapport de l'Assemblée nationale française sur les « obstacles au contrôle et à la répression de la délinquance financière et du blanchiment des capitaux en Europe ». L'ONG Tax Justice Network avait déjà placé le pays en deuxième place de son palmarès des paradis fiscaux[1]. Le forum mondial sur la transparence fiscale organisé sous l'égide de l'OCDE avait jugé en 2013 que le Luxembourg était « non conforme » aux normes de transparence, et dans son rapport de 2014, l'avait classé avec les îles Vierges britanniques, Chypre, et les Seychelles parmi les pays « non coopérants ».

Ce passif n'a empêché personne de voter pour Juncker. Probablement parce que tout le monde le connaît depuis si longtemps. Il a fait de sa longévité sa carte maîtresse. Un tiens vaut mieux que deux tu l'auras, aussi peu enthousiasmant soit-il pour s'éviter des mauvaises surprises... Il ne faut pas chercher beaucoup plus loin pour comprendre la médiocrité d'une grande partie des dirigeants insubmersibles.

« Le président Juncker est en politique depuis trente-quatre ans. Il a des relations personnelles avec la plupart de ceux qui comme lui ont été Premiers ministres et membres du Conseil européen », a expliqué son porte-parole quand il a entrepris de recevoir Tony Blair (un autre leader avec une relation très particulière à l'impôt) pour discuter du Brexit au début de l'année[2].

« Ce n'est pas un désavantage, que je sache, d'avoir côtoyé les représentants de 10, puis de 12, 15, 25, 27, 28 États membres, et d'avoir appris un certain nombre de choses de ces pays que l'on n'apprend qu'en travaillant au quotidien à leur contact », s'était enorgueilli le dinosaure européen pendant sa campagne pour la présidence de la Commission. À plusieurs reprises, il s'est publiquement flatté d'avoir travaillé avec seize ministres des Finances français[3] ! Je vous survivrai, semblait-il leur dire.

Trente ans qu'il arpente les couloirs bruxellois, plus de cent sommets européens derrière lui[4], il connaît tout le monde. Quand Chirac lui remet les insignes de grand officier de la Légion d'honneur en 2002, le ministre socialiste de l'Économie Laurent Fabius est là, tout comme l'ancien Premier ministre RPR Alain Juppé et Gérard Longuet, président UDF de la Région Lorraine. Jean-Claude Juncker a tenu à leur présence et ils sont venus.

Helmut Kohl surnommait « Junior » ce Luxembourgeois, qui secrétaire à l'Emploi à 28 ans, avait été le plus jeune ministre d'Europe[5]. Même si Juncker sait invoquer l'intègre Delors quand il est en France, l'Allemand Kohl reste son vrai père politique, un homme qui, lui aussi, finira poussé dehors, ayant cru trop longtemps être au-dessus des lois[6].

À 61 ans, Juncker est désormais le plus vieux routier de l'Union européenne. La politique, il n'a fait que ça. Dès 1989, il représente le Luxembourg parmi les 188 gouverneurs de la Banque mondiale, une fonction qu'il gardera jusqu'en 1995. Il a aussi été très vite gouverneur du FMI. La troïka, ce bras armé de l'austérité en Europe, il la connaît de l'intérieur. Et il en a gardé des amis partout. Parfois d'ailleurs, c'est lui qui les y a placés.

DSK au FMI ? C'était son idée quand il était président de l'Eurogroupe. Le dimanche 29 juin 2007, alors que Juncker se remet d'une opération de l'intestin, Strauss-Kahn l'appelle pendant qu'il assiste au mariage de sa fille. Pour prendre de ses nouvelles bien sûr, mais aussi pour lui parler de la succession de Rodrigo de Rato, le patron du FMI qui vient de démissionner. Juncker répond à son ami Dominique que le poste est fait pour lui. S'il se présente, lui, chef de l'Eurogroupe, se charge de convaincre Merkel et les autres de soutenir sa candidature. Parole tenue[7].

Sa place au sein de l'Union européenne, ses responsabilités successives lui ont permis de gagner des amis de tous bords, des relations précieuses pour aider le système fiscal luxembourgeois à échapper aux critiques. Trois de ses sept vice-présidents sont d'anciens Premiers ministres. Toute sa carrière s'est appuyée sur la construction d'un réseau exceptionnel. Cela a marché au Luxembourg. « Pour les attributions de subventions, le critère tacite, c'était : est-ce que vous connaissez Juncker et qu'est-ce qu'il pense de vous ? », nous a assuré Edgar Bisenius de Protinvest, une association luxembourgeoise qui représente des petits actionnaires.

Tous, ses amis et ses détracteurs, ont en commun de le trouver « sympa ». Il a le contact facile, tutoie systématiquement. Dans le discours où il élevait Juncker grand officier de la Légion d'honneur, Jacques Chirac avait vanté « cette simplicité naturelle qui vous fait souvent regimber devant les contraintes protocolaires de votre fonction ». C'est vrai. Jean-Claude Juncker est chaleureux. Grand parleur, il embrasse tout le monde[8], un héritage du Luxembourg où le pays est si petit que l'on élit ceux que l'on connaît. Il attrape l'un par le bras, distribue des claques sur les épaules des autres. Il sort du moule avec son « hello dictateur » à Viktor Orbán ou en embrassant les crânes chauves qui lui passent sous les yeux, du Premier ministre belge Charles Michel au président du Parlement Martin Schulz.

« Oui il est sympa, il a fait carrière là-dessus », raille un dirigeant européen en privé. C'est vrai. À 28 pays, obligés d'échanger avec des armées de traducteurs, on ne peut pas retrouver l'absence de formalisme et la connivence des discussions dans la salle à manger de Schuman. La goutte d'huile de Juncker est précieuse. Dans un environnement ennuyeux de technocrates, Juncker partage ses émotions, passe du rire aux larmes.

Auprès des journalistes aussi, il bénéficie d'une image sympathique. Premier ministre au Luxembourg, quand il passe en salle de presse, il blague, s'amuse à masser les journalistes, complimente les femmes de manière appuyée, à l'ancienne. À Bruxelles aussi, avec Juncker, on s'amuse bien depuis des années. Quel contraste avec le morose président du Conseil européen Donald Tusk ! Juncker est un homme qui fume en réunion[9], boit et plaisante, voilà une petite touche d'humain bienvenue dans un palais de technocrates. Comment les journalistes n'apprécieraient-ils pas celui qui égaie les repas et joue les *guest stars* à leurs pots de départ ?

Bien avant qu'il ne préside la Commission européenne, les correspondants français établis à Bruxelles ont vite pris l'habitude de déserter les points de presse langue de bois de la délégation française pour aller à celles du Luxembourg, où le phénomène Juncker alimente tout le monde en anecdotes, révèle les petits marchandages en cours (sans évoquer les siens bien sûr). Dans les meubles bruxellois depuis si longtemps, il en a des choses à raconter sur les travers des uns et des autres. Et surtout, « il connaît bien l'Europe », « il connaît bien les dossiers ». L'argument des années semble effacer les interrogations.

Peu importe le désaveu dans les urnes – de la faible participation des électeurs à la montée des partis antieuropéens –, pour les journalistes, c'est une source indispensable. D'autant plus que ses prédécesseurs, Manuel Barroso et Romano Prodi se sont avérés des désastres en communication. Juncker, lui, bichonne les journalistes depuis longtemps. Lorsqu'un correspondant d'un quotidien français quitte Bruxelles, il lui organise un déjeuner de départ, lui propose d'inviter une vingtaine de ses amis et lui offre un cadeau.

Choyer une source aussi sympathique fait partie du job. Et puis Juncker réclame une présidence européenne plus politique. Pour les correspondants, qui ont du mal à intéresser leur rédaction à ce qui se trame à Bruxelles, c'est la preuve qu'ils sont au bon endroit malgré l'euroscepticisme ambiant.

Bien sûr, Jean-Claude Juncker n'a pas que des amis. Il peut même avoir des rivaux à qui il fera, tel Don Corleone, des propositions qu'ils ne peuvent pas refuser, pour les garder à distance. Son ancien rival Martin Schulz pour la présidence de la Commission européenne ? Il le soutient à la tête du parlement ! Michel Barnier, son ancien adversaire, lors des primaires de la droite ? Nommé conseiller spécial sur les questions de défense et de sécurité ! Il agit à la manière de ces patrons de grandes entreprises qui se renouvellent mutuellement leurs mandats d'administrateurs pour que le pouvoir ne leur échappe pas. Quand il annonce que la Commission européenne ne reprendra pas de négociations avec David Cameron en cas de victoire des partisans d'une sortie de l'Europe au Royaume-Uni, il juge bon de préciser : « et pas seulement parce que le Premier ministre britannique a voté contre moi quand j'ai voulu devenir président de la Commission européenne[10] »...

Sa capacité à s'indigner de ce qui peut se dire sur le Luxembourg est sans faille. Il traite ses détracteurs en envieux. « La ligue nationale du football luxembourgeois n'est pas responsable du fait que l'OM ne soit pas champion de France », rétorque-t-il à David

Pujadas qui l'interroge sur l'hypothétique levée du secret bancaire luxembourgeois. Tel un Strauss-Kahn parvenant à décrocher un communiqué d'excuses de la direction de France Inter après que Stéphane Guillon l'a dépeint en coureur de jupons, Juncker a obtenu une lettre d'excuses d'Arlette Chabot quand, le 21 octobre 2008, France 2 a diffusé un reportage détaillant le rôle de blanchisseuse du Luxembourg[11]. « La frontière entre "paradis fiscal", "blanchiment d'argent" et "secret bancaire" n'était pas vraiment établie », s'excusa la directrice de l'information le lendemain. « Je vous demande de ne pas considérer ce reportage comme une nouvelle manifestation de "l'arrogance franco-française" mais plutôt comme une insuffisance professionnelle. Connaissant votre disponibilité, votre courage face aux questions des journalistes, je me dois de vous présenter des excuses. » Chef de clan, il peut aussi avoir recours à la menace. À la fin des années 1990, deux jeunes députés – Vincent Peillon et Arnaud Montebourg – m'avaient auditionnée lorsque je finissais l'instruction de l'affaire Elf. Ils travaillaient à un rapport sur les paradis fiscaux. À la sortie du document, Jean-Claude Juncker le qualifia d'« excessif » et de « ridicule » et traita Montebourg et Peillon de « shérifs du palais Bourbon[12] ». Depuis Bruxelles, il fit une déclaration de menaces au gouvernement français sur le commerce des ventes d'armes (dont la France est un acteur majeur), et les conséquences possibles de la transparence en la matière. « Il existe un projet de loi au Luxembourg pour interdire aux banques luxembourgeoises de financer des ventes d'armes. Je souhaite que la France s'en inspire rapidement[13]... » Ceux qui savent comprendront. Il ne faut pas lui chercher des noises. L'opacité qu'offre le Luxembourg lui a donné une vue plongeante sur des activités peu avouables[14]. Elles lui permettent de faire pression sur tous ceux qui voudraient lui mettre des bâtons dans les roues.

J'ai eu l'occasion de le constater directement. Ainsi quand il sollicite l'investiture pour devenir président de la Commission européenne, en septembre 2014, il défile devant les différents groupes politiques pour répondre aux questions des députés, dont le mien, celui des Verts. Je lui ai demandé s'il comptait un jour imposer l'application du « reporting pays par pays » pour les multinationales, autrement dit de forcer les grandes entreprises à publier des informations sur leurs activités et les impôts qu'elles paient dans les pays où elles sont actives. « Je ne sais pas ce que veut dire la transparence pays par pays, me répond-il, mais moi, ce que j'aimerais, c'est la transparence sur les ventes d'armes. Toutes... » Le ton est sans appel. Mentionner les ventes d'arme dans une réponse à une députée française est une allusion claire comme de l'eau de roche. Cela n'a rien à voir avec ma question. C'est une menace de dissuasion : Jean-Claude Juncker semble dire qu'il a des dossiers sous le coude contre la quatrième puissance exportatrice d'armes du monde[15].

Le Luxembourg aurait-il échangé le secret bancaire chez lui contre le secret sur les ventes d'armes des autres pays ? Chef de clan, tient-il les gouvernements par la menace ? Certains estiment ainsi en coulisse que ce sont les attaques de Nicolas Sarkozy à l'encontre du Luxembourg qui auraient provoqué des révélations sur Karachi dans un rapport de police du Luxembourg en 2010. Œil pour œil, dent pour dent ?

Si je dois tomber, nous tomberons ensemble, semble toujours assurer Jean-Claude Juncker. Dos au mur après le scandale Luxleaks, il se défendra en rappelant que d'autres pays ont des pratiques fiscales douteuses. C'est en partie vrai, tout étant question de degré. Les Pays-Bas, la Belgique, la Grande-Bretagne, la Suisse aussi cherchent à attirer des entreprises en faisant miroiter une fiscalité avantageuse : « Ce sont tous des criminels, si nous sommes des criminels[16] », décoche Juncker. Le sophisme est parfait et résume la dérive à laquelle nous assistons.

6

L'impossible enquête

« Je note, cher président, que les petites graines que tu as plantées ont porté leurs fruits... »

Quand Luxleaks explose, Juncker choisit de se cacher. Comme il l'avait fait après des révélations délicates sur les services du renseignement au Luxembourg quand il était Premier ministre : d'abord disparaître, puis minimiser, et enfin parler d'autre chose. Juncker se fait porter pâle, se décommande des « journées de Bruxelles » organisées par *L'Obs* et d'autres journaux où il doit donner une conférence. S'il avait pris la parole, il aurait jeté de l'essence sur le feu. Il sait qu'il faut laisser retomber l'émotion.

L'Europe est faite de centaines de députés de pays et sensibilités différentes certes, mais qui habitent les mêmes hôtels, partagent les mêmes voitures, empruntent les mêmes ascenseurs. Dans les couloirs, très vite, entre députés, on parle motion de censure. Mais quelques heures suffisent pour que la rumeur s'inverse. Des réseaux s'activent, des marchandages se négocient. Les amis de Juncker ne veulent pas le lâcher.

Nombreux sont ceux qui comprennent que leurs destins sont liés à celui de Juncker. L'homme est depuis suffisamment longtemps en politique pour savoir ce que cachent les caves des voisins. « Je suis pour une investigation large et profonde dans tous les pays. Peut-être alors aurez-vous un problème[1]. », lance Juncker quelques jours après le scandale Luxleaks à Guy Verhofstadt, le président du groupe Alde (centre droit) au Parlement alors qu'il se dit que des rescrits fiscaux ont été concoctés dans son cabinet quand il était Premier ministre belge. Nombreux sont ceux qui ne veulent pas que l'on s'intéresse de trop près à leurs propres affaires.

Dans les jours qui suivent, j'étudie avec mon groupe toutes les options possibles. Une motion de censure ? L'envie ne manque pas, mais nous savons qu'elle n'aboutira pas. Une porte a été ouverte par le scandale, l'urgence est à la maintenir ouverte. Nous décidons de tout faire pour obtenir une commission d'enquête. Une première depuis près de quinze ans. Nous savons que cela ne va pas être simple. Il faudrait qu'un quart des députés le demandent (soit 188 membres). Mais nous parions que, en forçant nos collègues députés à se prononcer publiquement sur un sujet pareil, ils se rallieront à nous. Des députés d'autres partis – dont les socialistes français – s'apprêtent à nous rejoindre contre les ordres de leur groupe. Nous obtenons aussi une quarantaine de signatures du PPE, le parti de droite européen – car chez les conservateurs également se trouvent des parlementaires qui jugent la situation intenable. Très vite, ils subissent des pressions terribles, le nombre de signataires s'amenuise mais le seuil des 188 est maintenu. Il nous faut encore obtenir le vote de ce que l'on appelle la « plénière » et nous ne sommes pas maîtres de l'ordre du jour. Martin Schulz, le président du Parlement – l'ancien adversaire de Juncker – bloque en force et propose, soutenu par les chefs de groupes socialistes, conservateurs et libéraux, la création d'une commission spéciale.

Commission d'enquête, commission spéciale... Vu de loin, la différence est juste sémantique. Mais c'est un coup de maître pour protéger Juncker et ceux que le scandale pourrait exposer. La commission spéciale, contrairement à la commission d'enquête, n'a pas l'autorité nécessaire pour obliger la Commission ou les États membres à coopérer avec nous.

Le mandat de notre commission spéciale nous permet de balayer large. Le Luxembourg est clairement l'épicentre de l'opacité, mais d'autres pays – les Pays-Bas, l'Irlande, l'Angleterre et même la France via certaines mesures – ont des politiques fiscales douteuses. Cette stratégie est à double tranchant : en balayant large, notre enquête a plus de chances d'aboutir, mais elle permet aussi à Jean-Claude Juncker de « noyer » Luxleaks dans un « EU Leaks ».

Après des années d'immobilisme politique en matière fiscale, alors que les rares avancées n'ont été dues qu'à des scandales impossibles à enterrer, nous souhaitons faire la lumière sur les responsabilités dans cette inaction, comprendre d'où viennent les blocages. Nous réclamons de consulter les délibérations à portes fermées pour comprendre l'inertie européenne. Impossible de prendre connaissance de ce qui s'est dit dans les réunions d'experts, entre ministres des Finances ! L'accès aux documents que nous réclamons nous est refusé. Après avoir énormément bataillé, nous finirons par obtenir la possibilité d'examiner des documents grossièrement caviardés, certains d'entre eux n'étant consultables que dans des pièces sécurisées de la Commission européenne… Sven Giegold, notre collègue vert allemand, un bulldozer par sa force de travail sur ces sujets, se vit interdire son téléphone dans la pièce où on lui a permis de les consulter. Il eut le droit de prendre des notes au crayon sur une feuille dans la pièce en question… mais pas de garder ses notes avec lui[2] ! À force d'insister, nous obtenons des documents au compte-gouttes. Nous tentons par tous les moyens de mobiliser nos amis socialistes et conservateurs, de leur faire comprendre que nous avons tous à gagner à ces succès du Parlement. Mais comme il nous faut pousser avec nos petits bras verts ! Au moment où j'écris ces lignes, nous négocions encore pied à pied l'accès à plusieurs centaines de comptes-rendus de réunions. Nos avancées sont faites de petits pas, certes, mais elles étaient tellement inespérées il y a un an.

Quant aux auditions des entreprises et des politiques concernés, elles furent ubuesques. La commission spéciale ne peut forcer quiconque à accepter de répondre à nos questions. Les grandes entreprises ne daigneront même pas donner suite à nos convocations autrement qu'en nous « invitant à manger des boulettes suédoises[3] ».

Rien n'est vraiment sorti des auditions des spécialistes fiscaux. Nous n'en attendions hélas pas grand-chose. Il est ardu de mettre ces professionnels en difficulté. Ce sont des juristes de haut niveau qui ont consacré des mois à ces montages. Poser les questions justes ne s'improvise pas, il faudrait avoir travaillé les bilans et les résultats des différentes structures emboîtées les unes dans les autres avec l'aide d'un commissaire aux comptes. La plupart des députés n'ont jamais vu de comptes consolidés et n'ont pas de notions fiscales pointues. Les armes sont inégales. C'est une des raisons pour lesquelles la protection des *whistle blowers* (lanceurs d'alertes) est une priorité. Ces professionnels dissidents sont parfois les seuls à pouvoir nous dire où regarder.

L'audition de Jean-Claude Juncker en personne a été une palinodie. Le 17 septembre 2015, il a accepté de venir s'expliquer devant nous. Là encore, le dispositif a été tordu pour ne pas l'embarrasser : nous avons été limités à des questions de deux minutes pour chaque groupe. Et sans possibilité de le relancer après ses réponses.

« Ceci est une première. Je ne crois pas qu'on ait vu un président de la Commission venir lui-même devant la commission… », l'a salué à son arrivée Alain Lamassoure, député français de droite, président de la commission taxe. Évidemment, c'était une première. Car ce conflit d'intérêts n'avait jamais eu d'équivalent… La vraie nouveauté est surtout qu'après un tel scandale le président de la Commission a pu rester à son poste sans être inquiété. Au sein de n'importe quel autre corps, le conflit d'intérêts serait saisissant[4].

Venu avec lui, notre commissaire européen Pierre Moscovici s'est cru obligé de rejoindre son équipe de défense. « Je note, cher président, que les petites graines que tu as plantées à Brisbane ont porté leurs fruits… », ose-t-il en ouverture, en référence aux effets de manche de Juncker au sommet du G20, qui promettait pour la énième fois de s'attaquer à l'évasion fiscale…

On aurait pu attendre du commissaire européen qu'il joue son rôle, qu'il profite du moment politique pour pousser un agenda offensif. Dans la distribution des postes de commissaire, la France a obtenu celui de commissaire à l'économie[5]. Mais celui qu'elle a désigné a obtenu son poste comme un lot de consolation, tel un ancien ministre de la Culture qu'on envoie s'occuper du château de Versailles. Quand François Hollande n'a plus voulu de Pierre Moscovici aux finances de la France, il a estimé qu'il pourrait se charger de celles de l'Europe. Difficile de savoir si cela en dit le plus long sur son manque d'estime pour Moscovici ou pour l'Europe. Pendant les années précédentes, la présidence Barroso comptait un commissaire en charge de la fiscalité et un en charge de la gouvernance économique. Moscovici a, lui, hérité des deux portefeuilles. La charge de travail est énorme. Le blog Real Time Brussels que tiennent les correspondants du *Wall Street Journal* s'est amusé à classer les commissaires européens en fonction de leur tendance à inscrire à leur agenda des réunions dans leur ville, le vendredi ou le lundi. Pierre Moscovici arrive en tête de liste de ces champions des longs week-ends. « Sur vingt-quatre week-ends depuis qu'il est devenu commissaire le 1er novembre, il a pris son lundi ou son vendredi entier à Paris à treize reprises. »[6]

La France envoie un dilettante. C'est signe qu'elle ne prend pas au sérieux la Commission. C'est aussi une spécialité française que de considérer qu'on peut prendre Bruxelles comme un purgatoire politique. Dans d'autres pays, les commissaires européens et les eurodéputés sont des poids lourds.

Et pourtant, avec un peu d'ambition, Pierre Moscovici disposait d'un boulevard devant lui. Il aurait pu imposer des avancées sur les paradis fiscaux.

L'opinion internationale le soutenait. Mais spontanément, il s'est aligné sur la mauvaise foi de Jean-Claude Juncker.

Pierre Moscovici (dont l'épouse, après avoir travaillé à Bercy, a dirigé le fonds d'investissement d'un opérateur des télecoms) choisit son camp, se contente du strict minimum, semble se satisfaire de la transmission au compte-gouttes des documents dont nous avons besoin.

Avec Moscovici en faire-valoir, Jean-Claude Juncker n'a plus qu'à en rajouter. « J'avais dit que la lutte contre l'évasion fiscale figurerait parmi les priorités de la Commission », dit-il sans rire. Les gens au pouvoir ont souvent en commun d'avoir tous les toupets.

L'optimisateur fiscal en chef se fait ainsi officiellement… le champion de la lutte pour la transparcnce fiscale. Après Luxleaks, la commission fiscale européenne a pressé les pays membres d'accepter d'échanger les informations sur les rescrits entre administrations fiscales. « C'était une idée à laquelle je réfléchissais depuis un moment », a-t-il osé déclarer dans sa conférence de presse après une semaine de silence suite à Luxleaks ! C'est Ubu roi.

Lors de son audition, Juncker entreprend de nous faire croire, les yeux dans les yeux, qu'en 1997 il était le plus enthousiaste à défendre le « code de bonne conduite » et tenta de convaincre tous les

États membres. Ce sont eux qui ont traîné les pieds. « Président du Conseil en 2005, j'ai proposé la mise en place d'un comité fiscal… » À l'écouter, il se bat depuis toujours contre l'optimisation fiscale. « Nous observons, et c'est bon signe, un mouvement mondial contre l'évasion fiscale. » Des députés l'applaudissent. C'est à se pincer le bras pour vérifier que l'on ne rêve pas.

Dans les rangs de la droite européenne, pendant longtemps on a serré les rangs. Pour minorer le rôle de Juncker au Luxembourg, Alain Lamassoure[7] a insisté sur le fait que « les pays qui posent le plus de problèmes sont des pays extérieurs à la zone euro », noyant Luxleaks dans d'autres scandales parmi lesquels l'Offshore Leaks et Swissleaks. Mais après l'audition de Juncker, Lamassoure, un homme qui se dédie à la lutte contre les paradis fiscaux, confiera à quel point il a été affligé du peu d'annonces concrètes faites par le président de la Commission européenne.

7

L'autre bilan fiscal

« Beaucoup de personnes savent que je n'ai pas d'influence sur le secteur bancaire au Luxembourg. »

Quand il n'est pas en opération séduction devant notre commission, Jean-Claude Juncker ne parle pas de la fiscalité européenne de la même façon. À un groupe de journalistes[1] qui lui demande s'il agirait autrement à la tête du Luxembourg si c'était à refaire, il répond qu'il ferait « exactement la même chose ». « Nous n'avions pas d'autre choix que de diversifier notre économie ». *Sic*. Il déteste les mots d'« évasion fiscale ». La « diversification », cela sonne mieux.

« Ma première décision comme secrétaire d'État à l'Emploi a eu pour conséquence d'envoyer mon père métallo en préretraite ! », se souvient Jean-Claude Juncker[2] à propos de son premier poste de ministre. Les industries lourdes ont disparu du Luxembourg.

Juncker fait souvent référence à la faillite de la sidérurgie pour justifier la politique agressive de chasse aux sièges de multinationales. Le Luxembourg a misé sur un autre secteur, gage de modernité : « la Place » comme on surnomme la finance de pointe dans le pays. Il se défend d'ailleurs d'avoir orchestré personnellement le développement de toutes ces pratiques fiscales. « Beaucoup de personnes savent que je n'ai pas d'influence sur le secteur bancaire au Luxembourg[3] », ose-t-il. Premier ministre pendant dix-huit ans, ministre des Finances pendant vingt ans, et ministre du Trésor pendant quatre ans, il n'aurait eu aucune influence sur le secteur bancaire ?

Évidemment, le Luxembourg n'a pas attendu Jean-Claude Juncker pour créer des niches légales qui offrent des « soupapes » aux entreprises des pays voisins, soucieux de contourner leurs réglementations nationales. Le Grand-Duché a instauré son premier régime de holding à destination des toutes nouvelles multinationales en 1929, juste après le krach de Wall Street. Les premiers dépôts étrangers au Luxembourg proviennent alors de ceux qui fuient le régime nazi. Le Grand-Duché devient un refuge pour échapper à d'autres systèmes fiscaux ou juridiques en Europe. Au début des années 1960, la création des Eurobonds a poussé les banques allemandes à venir s'y installer[4].

C'est une constante dans l'histoire économique de ce petit pays d'offrir ce qu'on ne peut faire ailleurs. À l'époque du boycott du régime d'Apartheid, le petit pays proposait des vols bon marché permettant de relier l'Afrique du Sud par Nairobi[5]. Habitués à écouter RTL – officiellement Radio Télé Luxembourg – les Français ont oublié ce qui a conduit des radios privées à s'installer dans le petit pays qui vendait ses droits à des fréquences radios, pour contourner le monopole du service public de radio. Le spectacle des frontaliers qui viennent y acheter leurs cigarettes par cartouches ou faire leur plein témoigne encore aujourd'hui de la vitalité de ce commerce de « niches ».

Même s'il s'inscrit donc dans une tradition plus large, Jean-Claude Junker a sa part de responsabilité dans le développement des services financiers au Luxembourg, dont l'histoire épouse sa carrière politique. En mars 1989, le Luxembourg instaure le secret bancaire. Juncker devient ministre des Finances trois mois plus tard et il est à la tête des finances du pays quand le non-respect du secret bancaire est criminalisé deux ans après.

Juge d'instruction, je me suis heurtée, comme mes collègues, au secret bancaire luxembourgeois. Nous enquêtions avec Laurence Vichnievsky sur la banque Fondo, une banque coopérative, lorsque nous avons découvert un emprunt luxembourgeois sur les comptes du parti républicain. Il s'agissait d'un prêt adossé[6] : 5 millions de francs en liquide ont été déposés sur le compte au Luxembourg. La banque n'a pas pu ignorer qu'il s'agissait d'une opération de camouflage. D'où viennent ces 5 millions qui se sont évaporés au

Luxembourg ? Mis en examen puis condamnés pour blanchiment d'argent, François Léotard et Renaud Donnedieu de Vabres prétendent à l'époque qu'il s'agit de fonds secrets de Matignon. Nous ne les avons jamais crus, mais nous avons compris à cette occasion qu'existaient au Luxembourg des circuits qui vous aident à blanchir l'argent occulte. C'était notre première rencontre avec le Grand-Duché, dont nous retrouverons le nom dans l'affaire Elf à de nombreuses reprises, puisque de nombreux flux mentionnés dans l'affaire y transitent.

À l'époque, Juncker vient donc d'arriver à la tête du ministère des Finances. Les entreprises étrangères commencent à installer leurs têtes de pont au Luxembourg… profitant d'une directive européenne, validée par l'ensemble des pays membres, qui autorise les entreprises à payer leurs impôts dans un pays où elles ont un siège plutôt que là où elles opèrent. Le Luxembourg, dont le système fiscal n'a quasiment pas bougé depuis les années 1930, l'adopte immédiatement.

Les sociétés étrangères utilisent ces nouvelles possibilités pour monter des filiales – les holdings Soparfi – vers lesquelles elles redirigent les bénéfices et qui profitent d'exemptions fiscales étourdissantes. C'est le début d'un nouveau modèle de développement pour le Luxembourg.

Jean-Claude Juncker, qui devient Premier ministre cinq ans plus tard, a compris ce que le pays pouvait en tirer. Il conserve le ministère des Finances[7], temple du pouvoir luxembourgeois. Pendant ses années de Premier ministre et ministre des Finances, il n'aura de cesse de laisser amender les règles encadrant les holdings pour qu'elles soient toujours plus favorables aux multinationales.

Le Luxembourg de Juncker a donc lancé cette politique fiscale ultra-agressive grâce à son appartenance à l'Union européenne… Et depuis, grâce à son veto, le pays a réussi à maintenir certaines failles grandes ouvertes. Imaginons une entreprise française. L'article 208 du Code général des impôts lui interdit de loger ses bénéfices dans des pays à la « fiscalité non coopérative ». Cet article s'applique partout, sauf dans l'Union européenne. Autrement dit, on ne peut pas domicilier son entreprise aux îles Caïmans mais on peut le faire au Luxembourg.

Aux avant-postes européens, le Luxembourg détecte le premier quelles opportunités la construction de l'Union européenne et ses imperfections présentent pour ses affaires. Il transpose les directives européennes à la vitesse de l'éclair, en profitant de son administration réduite et « probusiness ». Comme l'a dit le président de la Banque centrale luxembourgeoise, le Luxembourg a profité « à la fois de l'Europe et de la non-Europe ».

8

La suradaptation de la loi

« C'est le hors-bord contre le tank. »

Lors de la campagne de Jean-Claude Juncker pour la présidence de la Commission européenne, une publicité le montrait écrivant à la plume sur un parchemin entouré de jeunes geeks derrière leurs écrans. « Pas besoin d'être un *techie* pour croire aux nouvelles technologies », disait le slogan. Effectivement, Jean-Claude Juncker, réputé n'avoir quasiment jamais envoyé d'e-mail ni utilisé d'ordinateur, n'est pas un *techie* mais il a très vite compris ce que les nouvelles technologies pouvaient apporter au Luxembourg.

En 2003, une autre directive européenne fait le beurre du pays. Les nouvelles règles sur la TVA qui sont édictées cette année-là autorisent des exceptions pour les services électroniques. « Heureuse coïncidence », selon les mots de Jean-Paul Zens[1], en charge de la politique des technologies du Luxembourg. Le Grand-Duché va s'appliquer à exploiter ces exceptions, suscitant « la plus grande arrivée d'Américains au Luxembourg depuis la Seconde Guerre mondiale », estime Rick Minor, dirigeant d'AOL[1].

Rien à voir avec l'évasion fiscale ! C'est « la diversification », la suite naturelle au remplacement de la sidérurgie par le boom de la finance. « Je me suis dit qu'on ne pouvait pas remplacer une dépendance (l'acier) par une autre (la finance) », explique Jean-Claude Juncker à propos de l'arrivée des géants des nouvelles technologies[1] au Luxembourg.

Pourquoi les géants de l'électronique viendraient-ils s'installer dans un pays d'un demi-million de consommateurs et sans informaticiens ? Il en fait le pays le mieux connecté du monde en fibre optique. S'y développe un nombre de « data centers » spectaculaire. Il n'est pas question que les rescrits fiscaux ne deviennent publiquement la première raison de leur installation dans le pays.

Pour les attirer au Grand-Duché, Juncker a fait revoir le code fiscal luxembourgeois et la loi sur la distribution[1]. Parmi ses interlocuteurs, Robert Comfort, l'homme qui va élaborer la stratégie fiscale d'Amazon. Embauché en 2000, il a « passé plus de dix ans à exploiter tous les trucs comptables et à en inventer d'autres pour minimiser la charge fiscale de l'entreprise », résume le journaliste Brad Stone dans le livre qu'il a consacré au géant de la vente en ligne. À son arrivée, Amazon comptait trois experts fiscalistes. Quand il a pris sa retraite en 2011, le département fiscal d'Amazon employait près d'une centaine de personnes…

Amazon s'est installé au Luxembourg en 2003. Dans un entretien avec un journal luxembourgeois titré « Une merveilleuse amitié[2] », Robert Comfort se souvient de ses rencontres avec le Premier ministre Juncker. « Son message était : "Si vous rencontrez un problème que vous pensez ne pas pouvoir résoudre, revenez me voir. J'essaierai de vous aider." » Il s'en souvient. « Dès le début des discussions, les autorités nous ont dit : « Certaines de ces règles sont quelque peu archaïques et nous les changerons[2]. » C'était effectivement une merveilleuse amitié. Robert Comfort coule aujourd'hui de paisibles jours de consul honoraire du Luxembourg dans l'État de Washington.

Comme s'est hypocritement justifié Walt Disney qui utilise un montage complexe pour rapatrier ses bénéfices au Luxembourg et y être formidablement peu taxée (0,3 %), l'entreprise « souhaitait une relation basée sur la confiance[3] ».

Amazon n'est pas la seule entreprise que convoite le gouvernement Juncker. Entre 2003 et 2006, les ministres et le grand-duc Guillaume au trône ratissent la côte Ouest américaine, rapporte le *Financial Times* qui a eu accès à une photo de 2006 montrant l'héritier du Grand-Duché avec un ministre luxembourgeois dans les locaux d'Ebay. À leurs côtés, le directeur financier du site de vente en ligne, le vice-président en charge de la fiscalité et une plus petite pointure chargée des taxes indirectes[4]. Beaucoup de pays utilisent leurs têtes couronnées pour servir leur diplomatie économique, note le quotidien britannique, mais on les imagine plus rarement posant avec d'inconnus cadres en fiscalité !

Juncker mouille sa chemise, le dit. « Nous avons attiré AOL, Amazon, Microsoft. Certains pensent que cela nous est tombé dans le bec. AOL, c'est plus de deux cents heures de négociations[1]... »

Microsoft, Cisco, Ebay, Amazon, Apple sont désormais en partie luxembourgeoises. Alors qu'en 2000 les opérations des entreprises américaines (hors banques) basées au Luxembourg totalisaient ensemble 3,4 milliards de dollars, ce montant atteint 94,1 milliards dix ans plus tard ! Trente fois plus !

« *Schnellboot gegen Tank* » (« C'est le hors-bord contre le tank »), observe Juncker[1]. Il ne dit pas qui est supposé jouer le rôle du tank. Les pays voisins européens que Juncker, qui anime déjà le groupe informel des ministres des Finances de la zone euro, vient de prendre de court ? Scandaleux ? Déloyal ? Juncker ne voit pas le problème. « J'ai "lobbyé" personnellement pour que ces entreprises choisissent de faire du Luxembourg leur base européenne et jamais je n'en aurai honte ou n'éprouverai le besoin de me justifier », déclare-t-il en 2004[5].

9

Un système sans responsable

« Je n'ai jamais donné de ma vie d'instruction à l'administration fiscale. »

Dix ans plus tard, à la tête de la Commission européenne, Jean-Claude Juncker oublie qu'il a affirmé avoir assuré lui-même ces négociations. « Vous me prêtez trop d'influence », répétera-t-il. L'accord fiscal, se défausse-t-il, a été accordé par une autorité indépendante du gouvernement luxembourgeois qu'il dirigeait à l'époque.

Cette autorité prétendument indépendante s'appelle le « Bureau 6 ». C'est l'agence gouvernementale[1] chargée d'établir la fiscalité des entreprises installées au Luxembourg (pour l'essentiel d'entre elles, donc, des filiales étrangères). Pendant vingt-deux ans, avec des moyens quasi artisanaux au regard des sommes en jeu, un homme l'a dirigée : Marius Kohl. Notre commission aurait aimé l'interroger mais il ne s'y est pas présenté. Il ne s'est exprimé publiquement qu'une fois sur son activité, dans un entretien au *Wall Street Journal*[2]. « M. Ruling », comme on le surnomme alors, explique comment il a pu tamponner industriellement tous ces accords entre le Luxembourg et des multinationales. Jusqu'à sa retraite en 2013[3], il recevait les entreprises avec leurs conseillers fiscaux et d'audit – un rendez-vous peut suffire à obtenir sa bénédiction – et distribuait les feux verts informels qui feraient économiser des milliards aux multinationales[4], approuvant jusqu'à trente dossiers par jour quand en examiner un seul sérieusement prendrait au moins une semaine (et encore, en s'y mettant à plusieurs).

« Quand on lui a demandé comment il savait si les prix de transfert [les valorisations des différentes activités des entreprises dans ces montages fiscaux] étaient exacts, M. Kohl lécha son pouce et le leva au vent », écrit le *Wall Street Journal*.

Tout est confidentiel. « Marius Kohl, je l'ai probablement vu plusieurs fois. Je n'ai jamais donné de ma vie d'instruction à l'administration fiscale », déclare Juncker lors de son audition devant nous au Parlement, assurant qu'il n'a jamais su comment étaient produits tous ces rescrits fiscaux !

Quelques jours après cette audition, notre collègue Fabio De Masi croit d'abord à une plaisanterie, quand, de retour à son bureau du Parlement européen, quelqu'un lui lance : « Jean-Claude Juncker a appelé. Il aimerait que tu le rappelles… »

Jeune député allemand de gauche, il fait aussi partie de notre commission spéciale. Après une visite au Luxembourg, il a appris qu'en 1997 la version officielle d'un rapport luxembourgeois sur la fraude fiscale avait été amputée d'une page mettant en garde Juncker sur les risques légaux que laissait encourir sa pratique des rescrits fiscaux[5]. L'auteur du rapport suggérait au « ministre compétent [Juncker] de suivre d'un peu plus près les "accords" ainsi opérés[6] ». Le rapport avait été expurgé pour ne pas embarrasser le pays à une période où le Luxembourg devait prendre la présidence européenne pour six mois. Autrement dit, Juncker avait été officiellement prévenu au moins dès 1997 de ces « pratiques fiscales dommageables » et savait de longue date qu'elles étaient condamnables par la communauté internationale. Lors de l'audition de la commission taxe, Fabio a évoqué cette affaire de page disparue – seule preuve tangible que Juncker savait ce qu'il se tramait – devant les eurodéputés. Le Luxembourgeois a blagué, répondu à côté.

Voilà pourquoi Juncker appelle le jeune député allemand à son bureau.

— Vous savez que je traverse une période particulière…

Fabio De Masi le sait. La mère du président de la Commission est décédée.

— Je comprends, je ne suis pas pressé…

Le ton se fait plus intime. Jean-Claude Juncker lui parle de son père, qui travaillait dans les hauts-fourneaux, de la difficulté de sa décision, jeune ministre, de le mettre au chômage quand l'industrie sidérurgique s'est effondrée dans les années 1970. Fabio De Masi est touché, mais un peu surpris. Fabio a 35 ans. Il a été élevé par une mère célibataire qui peinait à joindre les deux bouts. Aucun de ses électeurs allemands ne le sait. Il serait embarrassé d'employer des arguments si personnels à des fins politiques.

Jean-Claude Juncker lui répète ce qu'il a déjà dit devant nous les députés : qu'on lui prête trop de pouvoir, qu'il n'était absolument pas dans ses attributions de Premier ministre d'orienter les pratiques fiscales d'entreprises privées. Quant à l'affaire de la page manquante, il en a une nouvelle version. S'ils ont enlevé la page faisant allusion aux pratiques douteuses du pays, c'est parce qu'il aurait à cette même époque entrepris de réformer l'administration fiscale luxembourgeoise. Le document rendu public aurait contré ses chances d'y parvenir. L'excuse ne convainc pas : depuis 1997, le Luxembourg n'a absolument rien entrepris pour réformer sa fiscalité. Au contraire, le pays – représenté par son Premier ministre – s'est employé à bloquer tout ce que pouvait entreprendre l'Europe dans ce sens.

10

Bloquer l'Europe pour protéger le Luxembourg

« Aucun État n'est allé aussi loin
dans la commercialisation de sa souveraineté. »

Les multinationales ont besoin de « stabilité » ? Grâce à sa place au sein de l'Europe, le Luxembourg pourra tout faire pour s'assurer de la pérennité des règles qui lui permettent de développer ces activités. L'économiste Gabriel Zucman[1], un ancien thésard de Thomas Piketty, qui estime que le pays ne devrait même pas avoir sa place au sein de l'Union européenne, a merveilleusement résumé cette contradiction : « Le Luxembourg joue un rôle central dans l'évasion fiscale internationale, mais profite de son appartenance à l'Union et de son droit de veto pour bloquer toute évolution de politique fiscale. Le Luxembourg vit du secret bancaire. Les fonds d'investissement y recyclent l'argent de Suisse et de Singapour. Au nom de quoi cette situation est-elle tolérable ? Aucun État n'est allé aussi loin dans la commercialisation de sa souveraineté, en laissant les entreprises choisir leurs contraintes réglementaires. »

Effectivement, le Luxembourg bloque toute évolution de politique fiscale en Europe. Jean-Claude Juncker a défendu bec et ongles le secret bancaire. Depuis la directive sur l'épargne de 2003, mise en œuvre en 2005, une bataille se joue au Conseil pour que les services fiscaux puissent s'informer de l'existence de produits financiers dans les autres pays européens. La directive est signée par tous sauf le Luxembourg et la Belgique. Pendant cinq ans, Juncker parvient à la faire reporter de conseil en conseil. La résistance à cette directive n'est tombée que récemment et il aura fallu dix ans pour en clore les lacunes. Il aura fallu la crise de 2008 – pendant laquelle s'est répandue l'idée que les paradis fiscaux avaient contribué à la crise – l'affaire Cahuzac en France et l'Offshore Leaks (une vague de fuites d'information en 2013 sur le recours aux paradis fiscaux) pour que le secret bancaire devienne indéfendable.

Les médias membres du Consortium international des journalistes d'investigation ont eu accès à des centaines de pages de documents confidentiels, des procès-verbaux de réunions de groupes de travail bruxellois sur la fiscalité réunissant des hauts fonctionnaires des États membres de l'Union (dont le groupe dit « Code de conduite »). Ces documents – auxquels la Commission a voulu nous bloquer l'accès – montrent à quel point le Luxembourg et les Pays-Bas ont associé leurs efforts, pendant dix ans, pour s'opposer à tout effort de réforme des régimes fiscaux en Europe. « Le Luxembourgeois n'hésitera pas, lorsqu'il le jugera nécessaire, à brandir l'arme du veto pour bloquer toute avancée européenne sur le sujet », écrit Claire Gatinois dans *Le Monde*[2].

À l'époque où il n'est pas encore président de la Commission européenne, Jean-Claude Juncker assume son obstruction systématique. Ainsi quand la Commission européenne entreprend en 2006 de changer les règles européennes sur la TVA – pour que la taxe s'applique là où se trouve le client, et non pas dans le pays du siège –, il le revendique dans un discours au Luxembourg. « Nous voulons maintenir cet environnement – le fiscal – et c'est pourquoi le gouvernement luxembourgeois se bat contre la directive proposée par la Commission européenne. »

Il n'a pas beaucoup de mal à se donner. En matière fiscale, l'Europe ne peut avancer qu'à l'unanimité. C'est évidemment une absurdité. « Si leurs promoteurs avaient attendu l'autorisation de tous les membres de la CEE, nous n'aurions ni monnaie unique ni espace sans frontières », fait très justement remarquer la députée Sylvie Goulard[3]. À 28 pays au sein de l'Union européenne, laisser les questions fiscales se décider à l'unanimité – un mode de fonctionnement dont personne ne voudrait dans sa ville, dans son pays ou dans son entreprise – c'est s'assurer de notre immobilisme.

Et effectivement, jusqu'à Luxleaks, très peu a été accompli contre l'optimisation fiscale des multinationales. Les rares avancées ont été obtenues dans le cadre de discussions à l'OCDE. Pendant que les Pays-Bas et le Luxembourg font durer les travaux pour préserver autant que possible les régimes fiscaux devenus cibles du mécontentement des autres pays et de l'opinion publique, la Commission européenne, elle, préfère rappeler que les principaux contrevenants se situent hors d'Europe… Comme lorsqu'en juin 2015, six mois donc après Luxleaks, la Commission publie une liste noire des trente pires paradis fiscaux au monde[4]. Cette liste mentionne les îles Caïmans bien sûr, mais aussi l'île polynésienne de Niue, 1 400 habitants, dont personne n'avait jamais entendu parler. Très curieusement, le Luxembourg n'y a pas sa place. On avait sans doute sous-estimé Niue… Comment avait-on pu arriver à un tel palmarès ? Chaque pays sur la liste des pays « problématiques » devait avoir été proposé par au moins dix pays membres de l'Europe. Le critère de départ : choisir parmi les pays hors UE qui ne collaboraient pas. Le Luxembourg ne pouvait pas craindre grand-chose de l'exercice…

11

Le grand trompe-l'œil juridique

« Si c'est fait au Luxembourg, ce n'est pas illégal… »

Vous comprenez, l'évasion fiscale c'est comme le vélo, explique un gestionnaire de fortune au Luxembourg. Si tout le monde est dopé et que vous voulez finir dans les premiers, vous devez vous doper aussi. Un petit groupe satirique luxembourgeois en a tiré une plaisanterie : « Si c'est fait au Luxembourg, ce n'est pas illégal… » Un coup de tampon luxembourgeois et tout est légal.

Pourquoi en vouloir au Luxembourg ? « Tous les pays font ça, non ? »… En plus d'être désespérant, l'argument est faux. Certes, 27 des 28 pays européens pratiquent des *tax rulings*, ces engagements fiscaux des pays auprès des entreprises. Raison invoquée : les entreprises ont besoin de stabilité juridique et de sécurité (en clair, qu'on ne vienne pas remettre en cause leurs petites affaires…) et les *comfort letters* – des lettres qui garantissent ces engagements fiscaux – leur assurent de la visibilité. Mais « aucun pays n'a proposé des *comfort letters* aussi largement que le Luxembourg et en exigeant aussi peu de preuves de ce que les entreprises déclarent », a pointé le *Financial Times*.

Après tout, entend-on aussi dans ce concert relativiste, le Luxembourg est libre de choisir sa fiscalité. Effectivement, les pays membres de l'Europe ont parfaitement le droit de brader leur fiscalité aux entreprises (même si faire du détournement de l'assiette fiscale des pays voisins son modèle de développement est discutable quand on se veut un architecte de l'Europe).

« Tout est légal », a toujours répété Juncker. « Tout est légal », ont répété les multinationales avec lui. La légalité, l'argument qu'il nous reste quand la morale fait défaut. « Nous nous conformons à toutes les lois et règles fiscales en Europe », a répondu la représentante de McDonald's devant notre commission. Facebook, qui n'a payé que 320 000 euros d'impôts en France en 2014, a expliqué que sa présence au Luxembourg n'était pas une question fiscale, mais « due à la clarté et à la force des traités internationaux ». L'art de transformer une trahison en hommage.

Amazon n'a jamais dit autre chose. « Nous faisons ce que font toutes les multinationales : minimiser notre charge fiscale dans la mesure légalement prévue. » Si cela fait grincer des dents dans certains pays, expliquait Robert Comfort, le fiscaliste d'Amazon, c'est sans doute parce que leur cadre légal est « démodé ». À les écouter,

Amazon et les autres ne sont pas dans l'illégalité mais en avance sur leur siècle. Et effectivement toutes ces entreprises vedettes de l'économie numérique ont des schémas fiscaux qui se ressemblent.

Peut-être faudrait-il leur rappeler, tout comme à Jean-Claude Juncker, que ce n'est pas parce qu'il n'a pas été prouvé que quelque chose était illégal qu'il est légal.

Si hélas les États peuvent brader leur fiscalité, ils ne peuvent décider des taux d'imposition à la tête – ou plutôt à la taille – du client. Les impôts d'une entreprise sont supposés être une obligation, pas un sujet de négociation : les règles de l'Union européenne interdisent de donner un traitement préférentiel à une entreprise. Or quand McDonald's paie des impôts ridiculement bas en Europe, comme aux États-Unis, on octroie à l'entreprise un avantage fiscal que les autres vendeurs de sandwichs n'ont pas. Cela revient à une aide d'État déguisée, et cela, les règles européennes l'interdisent. Puisque les aides directes des États sont interdites, on fait des douceurs fiscales.

Longtemps, la légalité de ces pratiques n'avait pas été testée. Aucun petit libraire indépendant ne s'est encore risqué à poursuivre le Luxembourg et Amazon pour « distorsion de concurrence loyale et saine »... Mais quelques mois avant la fin de son mandat de commissaire, Joaquín Almunia lançait de premières enquêtes pour aide d'État illégale. Margrethe Vestager, la célèbre commissaire à la concurrence, a depuis repris le flambeau avec beaucoup de détermination, en s'appuyant entre autres sur les documents de Luxleaks. Elle a imposé des (petits) redressements à Fiat et Starbucks pour leurs accords respectifs avec le Luxembourg et les Pays-Bas, considérant que ces « avantages fiscaux sélectifs » étaient « illégaux au regard des règles de l'Union européenne en matière d'aides d'État ». Les pays ont été « enjoints » de récupérer 20 à 30 millions d'euros par entreprise… mais ils s'y sont pour l'instant refusés, contestant le résultat d'enquêtes confirmant leur réputation de terre d'accueil pour multinationales en quête de faible imposition. Il est d'ailleurs drôle et navrant d'imaginer que le Luxembourg pourrait ainsi être amené à empocher dans l'affaire quelques dizaines de millions d'euros de la part de multinationales qui de toute façon auraient dû déclarer leurs revenus et s'acquitter de leurs impôts dans d'autres pays. Si les pays qui ont organisé le pillage fiscal peuvent récupérer l'argent qui revenait à d'autres, c'est parce que notre cadre légal avait prévu le respect de la concurrence, mais pas, hélas, l'optimisation fiscale.

Un accord avec les Pays-Bas (Starbucks) s'est trouvé en ligne de mire à côté de celui de Fiat au Luxembourg. Voilà qui alimente l'argument « tout le monde fait ça », supposé disculper le Luxembourg. À écouter Jean-Claude Juncker, on ne parlerait du Luxembourg que parce que l'information y est plus accessible… « Le Luxembourg est un petit pays. Au bout de trois ans, tout figure dans les journaux. Dans les autres pays, ça peut prendre plus de temps… »

C'est vrai et faux. Non, on ne parle pas plus du Luxembourg parce que les pratiques y sont plus visibles. On en parle parce que les turpitudes fiscales sont au cœur de son développement. Il est le modèle le plus avancé et donc le plus révélateur de pratiques qui ont depuis, parfois longtemps, été adoptées par d'autres pays européens. C'est la raison pour laquelle lorsque nous avons lancé fin 2014 l'offensive réclamant la transparence sur les accords fiscaux entre pays et entreprises, nous demandions à remonter à l'année 1991 et à celui passé entre l'Irlande et Apple.

Aujourd'hui l'étendue du problème est considérable. Les dix plus grandes entreprises du Portugal ont toutes leurs maisons mères en Hollande. Google s'est établi en Irlande, alors qu'on sait très bien que son activité en Irlande seule ne génère pas 14 à 15 milliards de chiffre d'affaires. La zone euro abrite sept paradis fiscaux (le Luxembourg, mais aussi les Pays-Bas, l'Irlande, la Belgique, Malte et Chypre) sans oublier que l'Union cache également en son sein le monstre de la City et sa toile d'araignée (Jersey, Guernesey, Gibraltar, île de Man…). Le tout entouré par la Suisse, Andorre, Monaco, le Liechtenstein… Sans compter, sous l'effet de la concurrence acharnée à laquelle se livrent les États pour attirer la richesse des autres, tous ces régimes fiscaux alambiqués créés ici et là – comme le crédit impôt recherche, en France.

Fermer les yeux sur un régime d'exception dans un pays permet à un autre de faire accepter ses exceptions[1]. Le résultat est désastreux. Près de 1 000 milliards d'euros échappent ainsi chaque année aux trésors publics européens[2].

Tous ces marchandages ont des coûts cachés pour les citoyens européens : du délitement des services de l'État à la mise en difficulté des petites entreprises qui ne bénéficient pas des passe-droits des multinationales. Aujourd'hui, ceux qui respectent les règles sont handicapés, éliminés par la concurrence.

Plutôt que de fermer les yeux sur ces pratiques au nom de je ne sais quelle légalité, il est temps de reconnaître que nous nous menons depuis près de quarante ans une guerre fiscale toujours plus fratricide. Voilà les pays européens qui font la course entre eux, pour être celui qui va raser fiscalement gratis les très riches… Était-ce vraiment ce que nous voulions ? Nous avons conduit les États membres à se faire concurrence pour attirer entreprises, investisseurs et revenus fiscaux. Une telle concurrence est absurde. Les seuls à sortir gagnants de cette vision de l'Europe sont les marchands de légalité, de papiers en apparence dans les règles, les multinationales souvent non-européennes et les avocats conseils qui voient derrière chaque régime d'exception de nouveaux montages à commercialiser. Les architectes de ce système au Luxembourg ont depuis trouvé leur place ailleurs, prouvant que la commercialisation de la démocratie n'était plus le monopole du Grand-Duché. Ceux qui entouraient Juncker à l'époque de cette politique de rescrits fiscaux au Luxembourg ont rebondi avec lui. Gaston Reinesch, son ancien directeur au ministère des Finances luxembourgeois, l'interlocuteur d'Amazon lors de son installation au Luxembourg ? Aujourd'hui directeur de la Banque centrale du Luxembourg, il siège à la Banque centrale européenne. Son ancien ministre des Finances Henri Grethen ? Membre depuis de la Cour des comptes européenne. Jeroen Dijsselbloem, le ministre des Finances des Pays-Bas à l'époque où, comme l'ont montré des documents récupérés par *Le Monde* et d'autres journaux européens, son pays s'est associé au Luxembourg et à la Belgique pour bloquer toute réforme fiscale au sein de l'Europe ? Il a succédé à Juncker à la tête de l'Eurogroupe en 2013…

Le jour de son audition, avant de quitter l'hémicycle, après nous avoir fait comprendre qu'il avait trop de travail pour nous parler plus longtemps, Jean-Claude Juncker nous glisse une demande : pourquoi parler de Luxleaks ? C'est injuste d'appeler le scandale ainsi puisque la pratique est européenne. « Il faudra changer de nom. On devrait l'appeler EU Leaks… » Il dit hélas vrai, le mal fiscal est contagieux. Mais ce petit pays au cœur de l'Europe en est la maison témoin.

12

La kleptocratie organisée

« Venez chez nous, personne n'est jamais poursuivi, aucun banquier n'est en prison, aucun financier n'a jamais été inquiété. »

Juncker artisan de l'évasion fiscale, architecte d'un système juridique sophistiqué ? Au Luxembourg, l'idée en fait rigoler plus d'un. Lui qui serait incapable de s'acheter un billet d'avion sur Internet et grogne « Je suis en *texting* avec Tsípras » quand il utilise un téléphone...

Au Luxembourg, on préfère penser que l'homme s'est laissé déborder parce que tout marchait, que l'argent rentrait. On cultive l'image d'un homme attaché à la survie de son pays. Le Luxembourg dont l'économie ne s'appuyait que sur la sidérurgie était sinistré. Il fallait être « créatif ».

Jean-Claude Juncker a été effectivement suffisamment intelligent pour ne pas recevoir officiellement les représentants des entreprises cherchant à échapper à l'impôt. Il n'a certainement pas conçu personnellement les montages qui ont enrichi le Luxembourg. L'industrie des Big Four (les grands cabinets de conseils) n'avait pas besoin de lui, juste qu'on lui laisse les coudées franches, ce à quoi s'est employé son gouvernement. Comme le disent les documents d'Ernst and Young à destination des investisseurs russes et américains, le Luxembourg offre des « officiels accessibles » et « une équipe gouvernementale investie dans une relation proche des entreprises »[1]. Comme tout cela est écrit avec une subtile franchise !

Plus que comme un chef d'orchestre, au Luxembourg, Juncker est décrit comme quelqu'un qui a profité de la vague sans s'interroger ni faire preuve d'une grande inventivité. On se souvient même d'un patron de PWC sortant énervé du bureau de Juncker parce qu'il mettait trop de temps à comprendre ce dont son entreprise avait besoin. Apprendre à ne pas voir fait aussi partie de l'art de gouverner.

« Le système Juncker, nous dit-on au Luxembourg, c'est le non-savoir tactique. Il connaît les combines mais peut s'arranger pour ne pas savoir… » C'est la base de fonctionnement du pouvoir au Luxembourg et dans tous les paradis bancaires. On organise le cloisonnement, on fabrique une transparence en trompe-l'œil.

Les structures de contrôle n'en ont que l'apparence. Sans mission, sans moyens, elles sont dirigées par des gens dont les intérêts n'ont rien à voir avec la transparence ni l'action publique.

Ainsi en est-il du Bureau 6, l'agence fiscale officiellement chargée de valider les traitements fiscaux des multinationales. Marcus Kohl, pauvre petit préposé, tamponnait tous les montages fiscaux sophistiqués qu'on lui présentait. Laisser faire un modeste fonctionnaire d'une agence fiscale dont les Luxembourgeois ignoraient l'existence, voilà qui arrangeait tout le monde. Et quand le scandale Luxleaks éclate, on réforme le fonctionnement du Bureau 6 tout en s'appliquant à ne pas savoir ce qui s'est fait jusque-là. « Les milliers d'accords fiscaux dormiraient dans une armoire et personne n'aurait le cœur ni l'envie d'en faire l'inventaire », résume très bien la journaliste Véronique Poujol[2]. En révélant au grand jour les dysfonctionnements de la chambre de compensation internationale Clearstream, le journaliste Denis Robert a raconté sa stupeur en apprenant que ce géant de la finance n'était pas contrôlé par le gouvernement luxembourgeois ! Pendant des années la société recevait chaque année un simple questionnaire auquel elle répondait par retour de courrier en remplissant quelques cases et c'était tout. Cette absence de contrôle est vertigineuse. On parle d'une société au statut de banque, qui permet l'échange de billions de dollars quand par ailleurs le moindre dirigeant de PME en Europe pouvait affronter des vérifications répétées et scrupuleuses.

Pendant toutes les années Juncker, l'administration fiscale luxembourgeoise n'a été dotée de quasiment aucun moyen au regard de la croissance que connaissait le pays. Même chose dans le domaine bancaire. Non seulement le cadre réglementaire était exceptionnellement accommodant, mais personne ne veillait à son application. Le secteur financier a pu agir dans une indifférence absolue de l'administration. Pendant ces années de croissance flamboyante où les députés ne comprenaient pas les lois qu'ils votaient, le Luxembourg n'a mis en place aucune structure sérieuse de contrôle de ses acteurs économiques alors que l'argent rentrait à flot.

« Les autorités luxembourgeoises se sont toujours montrées réticentes à commander des études (et à les publier) sur l'étendue de l'argent "gris" et ce qui en restait depuis l'annonce du printemps 2012, lorsque Luc Frieden céda à la pression de ses pairs européens et annonça la fin du secret bancaire pour les étrangers », résume encore la journaliste d'investigation Véronique Poujol[3].

« Si je devais faire la promotion du Luxembourg à l'étranger, je dirais aux banques : venez chez nous, personne n'est jamais poursuivi, aucun banquier n'est en prison, aucun financier n'a jamais été inquiété », blague Edgar Bisenius, secrétaire général de Protinvest, une société représentant les investisseurs particuliers, montée par un banquier retraité en mal de gouvernance. « Dans le cas de l'affaire Madoff, les investisseurs luxembourgeois, contrairement aux Américains, n'ont pas été indemnisés… parce que personne n'est là pour représenter leurs intérêts. »

Qui contrôle le secteur bancaire au Luxembourg ? Des structures vidées de leur sens. Jean-Claude Juncker a fait partie de ceux qui ont conçu ces garde-fous factices. En 2013, Luc Frieden, le ministre des Finances de Jean-Claude Juncker, avait fait nommer sa chef de cabinet à la tête du CSSF, l'autorité luxembourgeoise chargée de veiller au secteur bancaire (l'autorité prudentielle en France). Elle était déjà administratrice de la Banque internationale du Luxembourg (BIL) et directrice de la Bourse du Luxembourg… soit deux institutions qu'elle était supposée contrôler dans ses fonctions[4]. Elle en est depuis partie pour travailler à la BIL, banque contrôlée à 90 % par des Qataris et au conseil d'administration de laquelle elle siégeait jusque-là comme représentante de l'État luxembourgeois ! Quel théâtre d'ombres ![5]

Présents aussi au conseil d'administration de l'autorité prudentielle, des représentants des Big Four (les compagnies d'audit) représentés via l'association des « réviseurs ». Les fonds d'investissement peuvent aussi régulièrement participer à des groupes de travail. Autrement dit, la structure gendarme du secteur bancaire est, au Luxembourg, en partie supervisée par ceux qu'elle doit surveiller… C'est aussi absurde que d'imaginer Bernard Tapie à la Cour des comptes ou Landru président d'une cour d'assises. Mais Jean-

Claude Juncker, alors Premier ministre, défend cette nomination dans une lettre à Michel Barnier, alors commissaire européen, en assurant qu'il n'y a là qu'un intérêt : celui de l'État luxembourgeois.

Dans le Luxembourg de Jean-Claude Juncker, le gouvernement est donc au service des entreprises. Et tant que tout le monde s'enrichit, personne ne pose la question de l'intérêt public.

Les exemples de responsables politiques ou hauts fonctionnaires travaillant à la fois pour des entreprises privées et pour ceux qui les encadrent ne manquent pas. À la commission des finances de la chambre des députés luxembourgeois siègent des avocats conseils en tant que députés ; des hommes politiques membres de cabinets d'affaires utilisent leur mandat politique pour poursuivre leur travail.

La Banque centrale a nommé une avocate spécialisées dans les rescrits fiscaux à son conseil d'administration, un autre administrateur ancien ministre[6] a aussi sa place parmi ceux de la Bank of China ; des hauts fonctionnaires siègent dans les banques le matin et préparent les lois pour gérer le système financier l'après-midi…

On s'est tellement convaincu que les intérêts du gouvernement et des entreprises sont les mêmes que personne ne semble surpris à l'idée que les membres du gouvernement puissent aussi émarger dans le privé[7]. Ce système – une « kleptocratie institutionnalisée », selon les mots d'Edgar Bisenius, de l'association de défense des investisseurs luxembourgeois Protinvest – est en place depuis les années Juncker.

Ainsi les hauts fonctionnaires siégeant dans des sociétés nationalisées reçoivent des tantièmes d'administrateurs et des jetons de présence. Théoriquement, la loi leur demande de les reverser à l'État mais le Luxembourg ferme les yeux sur ces sommes aux montants « confidentiels[8 et 9] ». Où est le problème pour Juncker ? En 1996, une question lui est posée sur cette curieuse rémunération des hauts fonctionnaires dans le privé. Il y répond que bien sûr les employés de l'État siégeant dans des conseils d'administration doivent recevoir les mêmes rémunérations – et directement dans leur poche – que ceux qui représentent le privé. Une loi de 1990 oblige à reverser à l'État les émoluments perçus, mais elle n'est pas appliquée.

Jusqu'à ce que le magazine allemand *Der Spiegel* ne s'y attaque, personne n'a dénoncé ce système. Comment en aurait-il été autrement ? Juncker a laissé des représentants de tous les partis en profiter. Son ancien adversaire et ministre de l'Économie, le socialiste Jeannot Krecké, a pu siéger entre autres au conseil d'administration d'ArcelorMittal, d'une banque chinoise[10] et d'une banque russe. L'opposition a reçu sa pluie de mandats dans l'indifférence générale.

Non seulement il n'y voit aucun mal, mais le ministre de l'Économie Schneider en fait même la pierre angulaire du succès luxembourgeois : « Nous sommes liés de très près à l'économie. Nous savons de quoi ils ont besoin.[11] » Est-ce l'État qui est représenté dans l'entreprise ou l'inverse ? Peu importe.

Quand des élus quittent le pouvoir, les liens restent. C'est le cas de l'ancien ministre des Finances de Juncker Luc Frieden devenu ensuite vice-président de la Deutsche Bank en charge « des relations stratégiques européennes », autrement dit du lobbying européen[12]. D'après les décomptes de l'ONG Transparency International, la banque a obtenu en juin 2015 quinze rendez-vous avec des représentants de la Commission européenne[7] et bien entendu avec son ancien patron, Jean-Claude Juncker.

Quand des journalistes s'étonnent de voir un déjeuner entre les deux hommes au Luxembourg à l'agenda du président de la Commission qu'on attendrait plutôt à Bruxelles, le porte-parole de Juncker répond que « son ami » M. Frieden « contribue avec ses idées au débat sur la réforme de l'union économique et monétaire[13] ».

Il n'est pas le seul à « contribuer au débat ». « Est-il vrai que chaque année vous aviez un déjeuner de Noël avec les patrons de la Commerzbank allemande, pour parler de fiscalité ? », lui demande Fabio De Masi lors de l'audition organisée par la commission taxe lorsque nous essayions de comprendre ce qui se tramait au Luxembourg. « J'ai rencontré des banques…

Cela fait partie des activités normales d'un ministre d'un pays où les services bancaires sont importants», répond Juncker. Au Luxembourg comme au sein de la Commission européenne, Jean-Claude Juncker redéfinit le «normal» partout où il passe.

13

Quand le politique dort, les lobbies dansent

« Gagner une seule fois à Bruxelles plutôt que vingt-huit fois. »

Ah ces déjeuners de Noël entre Premier ministre et patrons de banque au Luxembourg ! Dans les films de Hollywood, les lobbyistes sont d'affreux jojos en costume, des costumes-cravates qui mettent le pied dans la porte, sortent des liasses de billets et tentent de vous corrompre. Au quotidien, à Bruxelles, le lobbying est bien plus pernicieux. C'est quelqu'un que vous connaissez, qui fréquente les mêmes cocktails et les mêmes restaurants, avec qui vous déjeunez et qui vous propose de l'aide… Un dirigeant politique doit se méfier de l'aide gratuite. Jean-Claude Juncker, au contraire, considère que ces aides sont bienvenues. Elles « contribuent au débat », comme il le dit de ses déjeuners avec le vice-président de la Deutsche Bank.

Bruxelles est un immense terrain d'influence pour les entreprises surtout lorsqu'il est déserté par le politique. Travailler dans la capitale européenne leur permet d'œuvrer sous le radar : loin des médias nationaux, il y est beaucoup plus facile de faire pression pour une loi en économisant des efforts nationaux qui risqueraient d'attirer l'attention de l'opinion. Les lobbyistes préfèrent « gagner une seule fois à Bruxelles que 28 fois[1] », comme l'explique David Plouffe, ex-directeur de la première campagne présidentielle de Barack Obama, maintenant chargé de la stratégie de lobbying d'Uber en Europe.

Autant travailler en amont, loin des regards. Une fois qu'une nouvelle directive européenne est adoptée, elle devient la norme dans les vingt-huit pays. Il est en géneral trop tard pour revenir en arrière.

Décrypter l'action des lobbies à Bruxelles nécessite un œil avisé. Ainsi quand Jean-Claude Juncker décide de déplacer les services qui s'occupent du secteur de la pharmacie et des technologies médicales de la direction générale santé à la direction générale « marché intérieur et entreprise », il faut être dans la machine pour comprendre ce que ce changement d'organigramme implique : une moindre surveillance en termes de santé publique, une plus grande souplesse juridico-financière. L'Alliance européenne pour la santé publique, qui regroupe une centaine d'associations agissant dans le secteur de la santé, s'est alarmée. Mais comment mobiliser l'opinion sur ce genre de tour de passe-passe quasi invisible, mais aux conséquences en chaîne incalculables ?

On estime entre 20 000 et 30 000 le nombre de lobbyistes qui travaillent à Bruxelles[2]. C'est une ville dans la ville. Le lobbyiste en chef d'Amazon est marié à la lobbyiste en chef de Google, recrutée quand son prédécesseur est parti s'occuper du lobbying d'Uber[3]… Leur présence prend toutes les formes, parmi lesquelles des représentations d'entreprises installées telles des ambassades, des groupes d'intérêts par secteurs d'activités, et, pour les entreprises qui n'auraient pas les moyens d'une présence permanente, des consultants qui facturent jusqu'à 1 000 dollars l'heure. C'est sans compter l'immense armée de précieux juristes, capables d'intimider les acteurs européens en leur assurant que tel ou tel texte risque de ne pas être conforme aux lois européennes…

À Bruxelles, journalistes et eurodéputés sont noyés sous les invitations, les conférences et des revendications de leurs clients à coups d'études et de rapports. Ils financent des recherches qui abondent dans le même sens : à force de marteler le même message par le plus de canaux possible, les messages ont l'air de vérités. Les lobbyistes élaborent même de pseudo-mouvements citoyens (qu'Uber se soit choisi l'ancien directeur de campagne d'Obama en dit long sur cet art de fabriquer des mouvements populaires au bénéfice d'entreprises…).

Les lobbyistes travaillent dans des conditions de rêve à tous les étages des institutions européennes. Même aux États-Unis, leur activité est plus encadrée qu'elle ne l'est dans la capitale européenne. De l'autre côté de l'Atlantique, la loi impose aux lobbies de rendre publics leurs rencontres avec des élus. À Bruxelles, seuls les lobbyistes enregistrés officiellement doivent le faire mais il n'est pas obligatoire de l'être, contrairement aux États-Unis. Ceux qui le sont doivent communiquer les rendez-vous qu'ils ont obtenus avec les commissaires européens et les directeurs... Mais pas les rendez-vous à des niveaux inférieurs alors que ce sont souvent ceux-là qui conduisent à la rédaction des textes.

Parmi les entreprises dont les lobbyistes sont les plus actifs, on retrouve les Big Four (PWC, KPMG, EY, Deloitte), ces entreprises qui vendent de l'expertise en optimisation des exceptions européennes. Un des derniers dossiers sensibles à Bruxelles a justement concerné la définition de leur champ d'activité. Ces sociétés se définissent comme des entreprises d'audit (autrement dit d'expertise de comptes) alors que leurs autres activités – notamment les conseils en montages fiscaux – leur rapportent bien plus. Bien entendu, la cohabitation de ces activités ne peut pas se faire sans conflits d'intérêts. L'opinion américaine l'a découvert après la chute d'Enron aux États-Unis où Arthur Andersen, trop intéressé par ses conseils d'optimisation à l'entreprise, avait fermé les yeux sur des comptes douteux. Après ce scandale, les Big Four furent tenues de revenir à leurs métiers d'origine avant de développer à nouveau leurs anciennes activités de « conseil » et d'optimisation. Incorrigible appât du gain ! Il aura fallu la crise financière de 2008 et l'intervention de Michel Barnier, commissaire européen, pour que l'on tente à nouveau de redéfinir leur champ d'activité. En italien « branle-bas de combat » se dit « *paniqua generale* ». C'est ainsi que l'on peut désigner la réaction de la seule société PWC qui a dépêché vingt lobbyistes à Bruxelles lorsqu'une directive européenne a entrepris de redéfinir à nouveau leurs activités autorisées !

Oublié les enseignements de la faillite d'Enron ! Arthur Andersen a changé de nom pour s'appeler Accenture et compte aujourd'hui 500 000 employés. Au Luxembourg, malgré le scandale Luxleaks, les Big Four continuent à afficher des taux de croissance à deux chiffres. *Business as usual.*

Et Jean-Claude Juncker dans tout ça ? Il assure aujourd'hui ne pas connaître les Big Four, qui feignent toujours d'être au Luxembourg par hasard et figurent parmi les plus gros employeurs du pays. Pendant son audition par notre commission taxe, il a affirmé n'avoir jamais rencontré le président d'une de ces firmes. Dans la salle, il a suffi à Fabio De Masi de « googler » les deux noms sur son smartphone pour tomber sur une photo des deux hommes…

Les multinationales et leurs lobbyistes n'ont pas l'habitude qu'on les dérange à Bruxelles. On a pu le mesurer lorsque nous les avons convoquées pour s'expliquer devant notre commission taxe. Seulement quatre d'entre elles nous ont répondu ! Toutes les autres ont commencé par nous snober. Coca, Disney, Fiat, Facebook, Google, HSBC, McDonald's, Philip Morris… Quant à Ikea, la multinationale suédoise avait répondu à notre convocation à la manière des lobbyistes de Bruxelles : par une invitation des députés à déjeuner.

Alain Lamassoure, le président de la commission, a dû écrire une lettre à Martin Schulz, le président du Parlement, pour lui demander de priver d'accréditation ces entreprises récalcitrantes pour les faire bouger. Vous ne le saviez peut-être pas, mais les entreprises peuvent être accréditées au Parlement européen, à la différence des citoyens. Pour qu'un citoyen lambda puisse entrer au Parlement (supposé le représenter), il faut qu'un député ou une autre personne accréditée l'accompagne, qu'il soit escorté. Les entreprises et les lobbyistes accrédités peuvent, eux, y circuler à leur guise. Tout un symbole.

14

L'homme qui reste accroché à son poste

« Si je transpire, ce n'est pas parce que j'ai peur, c'est parce que j'ai chaud. »

« Jean-Claude Juncker doit agir ou partir. » Après le scandale Luxleaks, sur le site des Verts, nous avions indiqué notre position. Pour sûr, il n'est pas parti. Pour les observateurs luxembourgeois, cela a pu rappeler un autre scandale : celui qui a mis fin aux vingt ans de Premier ministre de Jean-Claude Juncker.

Officiellement, c'est un scandale d'espionnage qui l'a forcé à quitter la tête du gouvernement luxembourgeois. En novembre 2012, RTL Luxembourg a révélé que l'ancien patron du renseignement du pays, Marco Mille, avait quatre ans plus tôt enregistré une conversation du Premier ministre Juncker dans son bureau avec une montre micro. Juncker l'aurait appris mais a laissé le chef du renseignement quitter son poste pour aller travailler chez Siemens.

Une autre affaire, à la même époque, vise son ministre des Finances Luc Frieden, accusé d'avoir fait pression pour stopper, en 2001, une enquête liée à l'affaire Bommeleeër – série d'attentats à la bombe au milieu des années 1980. Les Verts et les libéraux demandent sa démission, Juncker la refuse.

L'enquête parlementaire révèle d'autres dérives des renseignements et conclut qu'en sa qualité de Premier ministre Juncker avait autorité sur ces services et porte par ses négligences la responsabilité politique de ces dysfonctionnements. Juncker finit par promettre la tenue d'élections anticipées.

Pour beaucoup de Luxembourgeois témoins de ces années, cette histoire d'écoutes n'aurait pas dû conduire à la chute de l'empereur Juncker. S'il avait reconnu le problème des services de renseignement, s'il s'était excusé, engagé à prendre des mesures, il était (et reste toujours) suffisamment populaire au Luxembourg pour qu'on lui passe ce scandale. Mais comme pour Luxleaks quelques années plus tard, Juncker minimise, explique qu'il avait d'autres priorités, disparaît… reste accroché à sa fonction en attendant que l'orage passe. En démissionnant après dix-huit ans à la tête du gouvernement luxembourgeois, il assurait avoir bonne conscience. « Si je transpire, ce n'est pas parce que j'ai peur, mais parce qu'il fait chaud ! »

Des élections qui suivent, il se sort d'ailleurs plutôt bien. Et, le 20 octobre 2013, soir des résultats, il échafaude déjà des hypothèses de coalition – le traficotage de coalition, à Bruxelles comme au Luxembourg, c'est toujours ce qui l'a sauvé. « Il fonctionne avec des gens de confiance », vous dit-on au Luxembourg. Une personne au centre manipulant un réseau de personnes qu'il connaît bien et contrôle – comme on l'a entendu au Luxembourg, « le système Juncker quand ça marchait, ça marchait bien… »

Mais depuis 2010, dans son parti comme au sein de son gouvernement, le voilà de plus en plus seul. Son parti est au pouvoir depuis la guerre, mais Juncker n'a jamais laissé de place à un dauphin. Il refuse de s'entourer[1], personne n'arrive à lui adjoindre un chef de cabinet. L'homme qui a construit sa carrière sur ses claques dans le dos est de moins en moins accessible. Plus intéressé par son influence dans les affaires européennes, on lui reproche de ne plus gérer le Luxembourg que du jeudi après-midi au vendredi matin, jour du conseil du gouvernement.

Il devient « grincheux », comme disent les Luxembourgeois, met son nez dans les affaires d'autres ministères (au Luxembourg, le Premier ministre ne décide pas, comme en France, de la politique de tous les membres de son gouvernement), choisit ses interlocuteurs, en court-circuite d'autres. On lui reproche ses cachotteries, d'avoir un agenda secret, de ne pas jouer cartes sur table, de gérer son parti, autoritaire à outrance, flanqué de disciples qui anticipent ce que leur patron va aimer ou non. Après la crise financière de 2009, le Luxembourg a attendu des solutions courageuses qui ne sont pas venues.

Autant dire que quand surgit l'affaire des services de renseignement, beaucoup de politiciens luxembourgeois en ont déjà par-dessus la tête de Juncker et guettent depuis longtemps un prétexte qui leur permettra de se débarrasser de lui. Autour de lui, on n'en peut plus d'un Premier ministre qui ne veut pas dire la vérité et disparaît au lieu de répondre.

Alors cette année-là, plus personne ne veut de sa coalition, ni même gouverner avec lui[1]. Les socialistes décident de quitter le giron Juncker. Il a beau mijoter un projet de coalition, les autres partis ont eux aussi leur projet d'alliance. Et tandis que le Premier ministre part inaugurer le nouveau siège d'une banque – encore une ! – eux complotent la formation d'une coalition qui permettra de se passer de lui. Les trois partis Verts, socialiste et libéral peuvent gouverner sans lui. Quelle sortie ratée pour celui qui répète être resté le plus longtemps Premier ministre en Europe.

Devenu invivable chez lui, il se rabat sur l'Europe.

15

L'opacité contre la démocratie

« Si c'est un oui, on dira "on y va", et si c'est un non, on dira qu'on continue. »

On peut, des années durant, se rendre à Bruxelles chaque semaine sans connaître la ville. C'est le cas de beaucoup d'eurodéputés qui sautent directement de la gare au Parlement. Là tout est propre. Il ne manque pas une ampoule. Des assistants de 35 ans qui parlent quatre langues règlent vos problèmes. Il y a des traducteurs disponibles en vingt-trois langues, jamais de mauvais planning de salle de réunion ou d'imprimante en panne. Le fonctionnement de cette grande maison laisse admiratif.

Certes, on peut facilement se perdre dans ces bâtiments que certains députés passent tout leur mandat à traverser accompagnés. Se familiariser au fonctionnement de l'Europe – apprendre ce qu'est un trilogue (des négociations entre des représentants du Parlement, du Conseil des ministres et de la Commission européenne), comprendre la différence entre une commission d'enquête et une commission spéciale, tout cela prend du temps.

Dernier dirigeant européen à avoir connu l'élaboration du traité de Maastricht au début des années 1990, Jean-Claude Juncker, lui, évolue dans cette bulle depuis un quart de siècle. Dans ce milieu où la technicité écrase trop souvent le politique, on vous dira qu'« il connaît bien les dossiers ». Peu importe si ce sont des dossiers dont la plupart des Européens ne veulent plus, il les connaît. L'argument de la complexité est l'ennemi de la démocratie. Il justifie le manque de transparence et contribue aux jeux politiques byzantins. La façon dont nous nous laissons intimider par cet habillage technocratique est une régression démocratique, comme si l'Europe ne pouvait fonctionner qu'ainsi.

En fait, nous assistons à une tension permanente entre l'aspiration à plus de démocratie dans le fonctionnement des institutions et l'opacité des décisions politiques. Depuis les années 1990, le président de la Commission européenne est responsable devant le Parlement. C'était une première étape et c'est d'ailleurs à cause de la menace d'une motion de censure que Jacques Santer avait dû démissionner. L'élection de Jean-Claude Juncker a marqué un progrès institutionnel. C'est le meilleur argument de ses supporters. L'Europe avait pris l'habitude de mettre à la tête de la

Commission un apparatchik neutre, choisi dans des négociations menées à huis clos entre les dirigeants des pays membres. Quand il s'est agi de trouver le successeur de Manuel Barroso la règle avait changé. La désignation du président doit désormais se faire « en tenant compte des élections au Parlement européen[1] ». Fini les petites cuisines des chefs d'États. Du moins en théorie ! Les grandes familles politiques au Parlement[2] ont convenu de désigner chacune une « tête de liste[3] » européenne pour les élections de 2014 et se sont engagées à choisir comme président de la Commission celle qui arriverait en tête.

Juncker n'était plus Premier ministre au Luxembourg. Elmar Brok, un influent député européen allemand, a proposé de le repêcher pour être la tête des listes des conservateurs. La campagne de Juncker a essentiellement consisté à répéter qu'il était dans la machine depuis toujours. Lorsque la droite européenne (le PPE) s'est retrouvée à Dublin pour choisir son candidat, se souvient un député du PPE, Juncker a « rappelé qu'il assumait la présidence tournante du Conseil, en 1997, qui décida de l'élargissement de 2004. On a tous fait le calcul mentalement : c'était il y a dix-sept ans… Comment incarner le renouveau avec un tel candidat[4] ! »

À l'époque, l'alternative face à Jean-Claude Juncker, c'est Michel Barnier. Le peu que l'Europe a réussi à faire passer en régulations bancaires, c'est à l'ancien ministre gaulliste que nous le devons. Après la crise financière de 2008, nous défendions, au sein du groupe des Verts, le plafonnement des bonus à un an de salaire. Michel Barnier l'a imposé. Il n'a jamais pris ses ordres auprès de la City de Londres. C'est justement à cause de cela que la droite des affaires – Angela Merkel en tête – n'a plus voulu de lui. Au passage, le fait que l'on puisse trouver Barnier trop à gauche nous en dit long sur le virage néolibéral qu'a pris la droite européenne !

Aux yeux de la droite financière, Juncker avait pour atout majeur de ne pas être Michel Barnier, qui faisait office d'épouvantail. Le vétéran luxembourgeois est l'homme de l'immobilisme et du statu quo : tout ce que les puissances financières adorent. La chancelière allemande n'est pas fan de Juncker, mais préfère un germanophone et elle ne prend pas le nouveau mode de nomination réellement au sérieux, convaincue que, quel que soit le résultat, les 28 chefs d'État pourront encore, comme au bon vieux temps, tirer un nom de leur chapeau.

Deux mois plus tard, le PPE récolte le plus de sièges[5] aux élections. Au sein des Verts, nous sommes divisés. Dany Cohn-Bendit appelle à voter pour Juncker. Ce n'est pas l'homme qu'il veut appuyer mais la procédure qui donne du poids au Parlement, qui tient son candidat face aux États membres. Malgré notre envie de voir plus de démocratie en Europe, nous sommes quelques-uns à ne pas avoir pu voter pour Juncker, finalement élu avec les voix de 422 députés sur 729. C'est Fabio De Masi qui exprime le mieux notre inquiétude : « L'argument selon lequel pour lutter contre le crime organisé, il vaut mieux avoir un ancien de la mafia à votre tête, je n'y ai jamais cru. »

« Le président accidentel », titre *The Economist*, en allusion au peu d'enthousiasme que suscite Juncker. La Suède et les Pays-Bas ne cachent pas leurs doutes. La France mise sur un poste de commissaire économique en contrepartie. Tout cela ne vole pas haut. Angela Merkel n'est pas plus enthousiaste mais une campagne d'opinion l'accuse de ne pas respecter le processus démocratique si elle n'approuve pas la candidature de Jean-Claude Juncker. Elle s'exécute. Le 27 juin, le Conseil de l'Union européenne[6] le nomme officiellement avec l'approbation de quasiment tous les pays membres (à l'exception de la Grande-Bretagne et de la Hongrie[7]). Les forces progressistes de l'Europe, François Hollande en tête, ont endossé le champion de l'évasion fiscale. Et quand Juncker a été élu président de la Commission européenne, les JT de 20 heures de TF1 et France 2 y ont consacré exactement vingt secondes[8].

Le 1er novembre 2014, Jean-Claude Juncker succède ainsi à Manuel Barroso. La Commission européenne a un nouveau président. À cette époque, personne n'en réalise vraiment les incidences. Les derniers traités – bâtis entre autres par Juncker – ont renforcé les pouvoirs du président de la Commission de l'Union européenne, lui-même responsable devant le Parlement européen. Désormais le président de la Commission a plus de pouvoirs. Il fixe les priorités de cette commission. Son commissaire en charge du Commerce peut négocier, sur mandat des États membres, tous les traités commerciaux européens. Il peut ou non proposer des procédures de sanction contre les États membres qui ne respectent pas les objectifs de déficit. Il peut représenter l'Europe lors des sommets du G7. Sur le papier, c'est un progrès. Mais alors que les proeuropéens voulaient renforcer la Commission et le Parlement européens, la présidence Juncker aboutit à l'inverse. Aucune initiative d'envergure, mais au contraire l'amplification des pires pratiques du passé, ces marchandages entre chefs de gouvernements dans les coulisses. Depuis que Junker est président de la Commission, de « sommet de la dernière chance » en « sommet de la dernière chance », comme autant de soufflés médiatiques, c'est l'opacité qui domine.

Ce goût pour les décisions prises dans l'ombre, entre soi, Jean-Claude Juncker l'assumait déjà au Luxembourg. Il l'a cultivé à Bruxelles où il prend plaisir à faire durer les réunions jusqu'à 2 heures du matin[9]. Au sein de l'Eurogroupe, les ministres des Finances des pays de la zone euro travaillent dans l'opacité la plus totale.

Lors de la crise grecque, Jean-Claude Juncker a été égal à lui-même. Interrogé sur une télévision autrichienne, avant les élections, il a milité en faveur du statu quo, soutenant ouvertement les dirigeants grecs qui avaient maquillé les comptes publics : « Ma préférence serait de revoir des visages familiers en janvier. » Les électeurs en ont décidé autrement. L'accession au pouvoir d'Aléxis Tsípras et de Syriza a été le révélateur de la gravité de la situation institutionnelle. L'Europe s'est construite pendant des décennies avec une succession de grands compromis entre chrétiens-démocrates et sociaux-démocrates. En lieu et place de cet esprit de négociation, les émissaires européens n'ont eu de cesse d'imposer un bras de fer et de montrer que leur volonté devait s'imposer aux électeurs grecs.

Pendant l'été 2015, nous avons ainsi failli mettre la zone euro en péril, pour 1,8 milliard d'euros (0,7 % des 230 milliards de la dette du pays). Durant des mois, les Grecs se sont fait traiter d'irresponsables, de peuple qu'il fallait aider à faire ses comptes publics. Jean-Claude Juncker et ses amis avaient plein d'idées géniales : retarder l'âge de la retraite des Grecs – autrement dit allonger leur période sans revenu puisque la moitié des 50-60 ans grecs sont au chômage –, imposer une TVA à 23 %, privatiser à tout va, etc.

Dans tous les discours et articles sous influence revenait l'antienne de la fraude fiscale grecque, décrite comme un sport national, des vendeurs de rue aux restaurateurs. Jean-Claude Juncker aura même ce mot qui le résume tout entier : « J'ai été très surpris que ce soit un conservateur forcené comme moi qui a dû imposer au nouveau gouvernement grec d'imposer les armateurs et la partie riche de la société grecque[10]. » Quel cynisme tranquille ! Occupé à dresser sa statue de champion de la pression fiscale, le président de la Commission oublie la responsabilité de son pays dans ce déficit. Parmi les multinationales qui opèrent en Grèce, beaucoup ont construit des montages, notamment avec le Luxembourg[11], pour ne pas ou peu payer d'impôts en Grèce. Quand explose le scandale Hellas – une société de télécoms grecque qui a distribué des dividendes alors qu'elle était en faillite – personne n'a semblé se demander ce que le siège d'une société de télécommunications grecque faisait au Luxembourg…

L'homme qui a poussé Amazon et les autres à domicilier leurs opérations européennes au Luxembourg pour éviter la fiscalité d'autres pays européens se targue pourtant de faire la morale fiscale au gouvernement grec ! Avec le montage d'une filiale au Luxembourg vers laquelle il a transféré ses bénéfices, MacDonald's aurait économisé plus d'un milliard d'impôts en Europe entre 2009 et 2013. À lui seul, ce manque à gagner représente plus de 50 % du 1,8 milliard à rembourser par les Grecs durant l'été 2015, qui a affolé les marchés financiers.

À leurs mensonges et omissions publiques, les dirigeants européens ont ajouté un déni de démocratie. Dans une tribune au *Monde diplomatique*, Yánis Varoufákis, un des acteurs clés de ces non-négociations, a raconté les conditions dans lesquelles, le samedi 27 juin 2015, quelques heures après l'annonce du référendum, il a été mis à la porte de la dernière réunion de l'Eurogroupe, au cours de laquelle il fut décidé de fermer les banques grecques. Alors qu'il demandait sur quels fondements juridiques il pouvait être exclu, il lui fut répondu que l'Eurogroupe n'avait pas d'existence légale, qu'il s'agissait d'un « groupe informel et qu'aucune loi écrite ne limitait l'action de son président ».

Cet organe hors traité fut dirigé par Juncker de nombreuses années. Censé faciliter la coordination et la prise de décision entre pays membres de la zone euro, l'Eurogroupe est un trou noir de la vie démocratique. Nous n'avons aucune trace écrite des discussions qui s'y mènent, des propositions qui y sont faites par les différents ministres des Finances. Lorsque le ministre irlandais Michael Noonan s'est plaint de ne pas avoir accès aux propositions de réformes demandées à la Grèce, on lui a répondu que tout document officiellement diffusé aurait imposé au ministre allemand Wolfgang Schäuble de le soumettre et de le défendre au Bundestag. Sans traces, il n'y avait pas de risque de devoir s'expliquer sur ce qui se tramait durant les longues nuits bruxelloises.

C'est une marque de fabrique de la politique selon Juncker. « Quand les choses deviennent sérieuses, vous devez mentir », assurait-il quand il était président de l'Eurozone. « Je suis prêt à me faire traiter d'insuffisamment démocratique, mais je veux être sérieux [...] Je suis pour les débats secrets[12] », a dit encore l'homme qui, pendant sa campagne pour la présidence de la Commission, lâchait à son équipe que « les débats ne servent à rien[13] ».

Aux délibérations transparentes, l'ancien Premier ministre préfère depuis longtemps les dîners discrets entre hommes de pouvoir. Où s'était orchestrée la défense de Jean-Claude Juncker après Luxleaks ? Lors d'informels « G5 » dans le restaurant d'un hôtel bruxellois révélés par le site Politico[14]. « G5 » parce qu'ils sont cinq à s'y retrouver pour dîner : Juncker, bien sûr, avec le vice-président de la Commission Frans Timmermans, le président du Parlement Martin Schulz, le patron de la droite européenne Manfred Weber et Gianni Pittella, représentant des socialistes et curieusement flatté d'y avoir son rond de serviette. C'est lors d'un de ces repas que Jean-Claude Juncker et le PPE (la droite européenne) ont obtenu de Martin Schulz et de Gianni Pittella qu'ils s'opposent à la commission d'enquête exigée par les écologistes.

Ces dîners servent à bâtir des ententes préalables sur tous les sujets sensibles. Un participant l'a expliqué à Politico : il s'agit de pouvoir compter sur une « coalition stable ». Autrement dit : s'organiser pour garder le pouvoir entre soi quoi qu'il arrive. Juncker dit souhaiter à l'Europe un gouvernement « politique pas technocratique » pour compenser le « déficit démocratique » des institutions européennes[15]. Un gouvernement politique dans son esprit, ce sont ces *combinazione* en coulisse, des petits arrangements avec les lobbies, à la luxembourgeoise. Avant le référendum organisé en France en 2005 sur la Constitution européenne, alors qu'il occupait la présidence tournante du Conseil de l'Europe, Jean-Claude Juncker avait benoîtement expliqué : « Si c'est un oui, on dira "on y va", et si c'est un non, on dira qu'on continue. » C'est ça, la politique selon Juncker.

16

Tafta, cerise sur le gâteau de Juncker

« Coécrire la réglementation. »

Jean-Claude Juncker a reçu un cadeau inattendu pour ses 60 ans. Un groupe de militants est venu à Bruxelles lui remettre une pétition opposée au traité de Tafta signée d'un million d'Européens. Dans la plupart des pays d'Europe, on ignore encore ce qu'est Tafta (ou TTIP). L'Union européenne s'est engagée avec les États-Unis dans des négociations opaques pour un accord de libre-échange d'un genre nouveau qui promet de s'ajouter à ceux dont on ne découvre les effets qu'une fois signés.

Des représentants américains et européens se rencontrent régulièrement à huis clos sans qu'il n'en filtre rien. L'objectif de cette stratégie du secret est officiellement l'efficacité : éviter les rumeurs, les coups de bluff et les manipulations sur un sujet particulièrement sensible. Officieusement, évidemment, cela permet de tenir à distance ces empêcheurs de commercer entre soi que sont les journalistes et les citoyens.

Les seuls à y prêter sérieusement attention sont d'un côté les lobbies des grandes entreprises et de l'autre une poignée d'activistes. Parmi les objectifs des premiers, la quête d'une meilleure « coopération réglementaire ». Leur point de départ : les différences de réglementations entre Europe et États-Unis empêchent de commercer. Il est temps de les harmoniser. En clair, de balayer tous ces obstacles sur la route des multinationales.

Ce que les grandes entreprises considèrent comme des « barrières réglementaires » sont bien sûr nos garde-fous, notre principe de précaution, des standards que nous avons mis des années à améliorer pour protéger notre alimentation, notre environnement, nos conditions de travail. Au nom de quoi les brader dans des négociations menées par des gens qui refusent de travailler dans la lumière ?

Pour le moment, les négociateurs voudraient confier la résolution des différends entre les États-Unis et l'Union européenne à des groupes d'« experts », non élus évidemment, qui auraient les coudées franches pour décider des réglementations à maintenir ou à balayer : la supervision de ces accords serait confiée à un « conseil de coopération réglementaire » tenu par une poignée de hauts fonctionnaires du Secrétariat général de l'Union européenne, des représentants des autorités commerciales américaines et européennes.

Ce conseil pourrait stopper ou affaiblir des propositions législatives avant même que le Parlement européen ou les Parlements des pays membres de l'Union n'aient eu la possibilité d'examiner ces propositions[1]. Autrement dit un hold-up sur la démocratie.

Les négociateurs de Tafta tentent de repousser les questions les plus controversées à des discussions qui auront lieu après la signature de cet accord, autrement dit loin de l'attention du public… En clair, le traité prévoit de ne pas tout prévoir et c'est encore plus préoccupant. Là encore, des experts américains et européens seraient chargés d'actualiser le traité. Je me méfie des experts – dont nous apprenons qu'ils sont trop souvent liés à l'industrie – et de l'armada d'« études d'impact » trop peu souvent indépendantes. *Last but not least*, nous faisons croire que nous discutons d'égal à égal avec les États-Unis, quand le milieu des affaires américain agit avec autrement plus d'habileté que le nôtre.

Les promoteurs de Tafta du côté américain aimeraient sans doute faire de l'Union européenne un Luxembourg géant négociant sa souveraineté avec les multinationales. Pour faire face à ces dangers, il faudrait une Commission européenne vigilante. C'est malheureusement le contraire qui se produit. La Commission discute avec Business Europe et la Chambre de commerce des États-Unis (US Chamber of Commerce), deux groupes de lobbying du monde des affaires qui plaident pour que les grandes entreprises puissent « coécrire la réglementation ». On dirait du luxembourgeois dans le texte ! Le Parlement européen est évidemment tenu dans l'ignorance de tout.

Grâce aux parlementaires écologistes et aux activistes, qui ont alerté l'opinion sur les dangers du projet et sur l'absence de transparence de ces négociations, nous avons gagné un peu de temps dans la lutte contre l'application de ce traité. Mais il est à craindre que ce ne soit qu'un répit. Par bien des côtés, nous sommes revenus à l'époque féodale où les pays étaient des biens que les têtes couronnées s'échangeaient entre elles par-dessus la tête des peuples et les Bezos, les Tim Cook et consorts sont les néomonarques féodaux.

17

L'Europe d'après

« C'est toujours mieux…
même si ça ne met pas la barre très haut. »

Sa biographie officielle est pleine de records : « plus jeune ministre européen », « Premier ministre le plus longtemps en poste »… Jean-Claude Juncker, quoi qu'il fasse, mesure son succès en années et en titres. Grand officier de la Légion d'honneur en France, grand-croix de l'Étoile de Roumanie ou de l'ordre de Vytautas le Grand en Lituanie, il collectionne dix-neuf médailles officielles. On devrait toujours se méfier des gens qui sur leur biographie accordent plus de place à leurs décorations qu'à leurs accomplissements.

Juncker se réclame de Jacques Delors. Mais à l'inverse d'un Delors, c'est un homme qui s'accommode de l'impuissance européenne, « un roi fainéant ». Qu'a-t-il apporté à l'Europe – celle qu'il appelle « l'amour de ma vie[1] » ? Le plan Juncker de relance de l'investissement ? Si laborieusement et avec retard décliné. Juncker, visage de l'Europe ? Lorsqu'en décembre 2015 le *New York*

Times Magazine consacre six pages et sa couverture à l'état de l'Europe, le nom de Jean-Claude Juncker n'apparaît nulle part.

S'il devait mette en avant une qualité dans le *Who's who*, ce serait d'être un artiste du montage d'alliance. Au Luxembourg, le parti populaire chrétien social qu'il représentait n'a jamais atteint beaucoup plus de 30 % des voix. Mais il a réussi à conserver le pouvoir grâce à sa formidable capacité à mettre en place des coalitions. C'est ce qu'il fait pour rester à la tête de la Commission européenne. Il y est arrivé en amadouant les socialistes en formant une grande coalition. Son inaction ne scandalise pas. Avant Jean-Claude Juncker, l'Europe a eu dix ans de Barroso… « C'est toujours mieux… même si ça ne met pas la barre très haut[2]. » Voilà ce qui se dit dans les chancelleries. Tristesse.

La personnalité de Jean-Claude Juncker n'est évidemment pas la seule explication de l'immobilisme européen. Le projet européen est à l'arrêt, parce qu'il est menacé par les discussions d'arrière-boutique de ses États membres. Chaque sujet est l'objet de marchandages. Les égoïsmes nationaux menacent l'ensemble de la maison commune. L'agenda politique est dicté par les crises et les scandales ; les engagements sont oubliés aussi vite que s'estompe l'attention des médias.

Les gouvernements de gauche portent une responsabilité considérable dans le laisser-faire qui a mené à la situation actuelle. Cette histoire d'occasions manquées se construit en trois actes. Le premier remonte à la fin des années 1990. Douze des quinze gouvernements qui forment alors l'Union européenne sont issus de la famille socialiste. Jamais la gauche n'a eu un tel poids en Europe. Cette époque aurait pu être celle de l'Europe sociale et de l'harmonisation fiscale. Nous aurions pu tirer l'Europe vers le haut en nous alignant sur les pays les plus avancés socialement, en faire une obligation aussi contraignante que les critères budgétaires de Maastricht. Il n'en fut rien[3]. En négligeant d'imposer la convergence sociale, nous avons ouvert la voie au dumping social. En dédaignant l'harmonisation fiscale, nous avons laissé les conservateurs et les libéraux européens faire de la concurrence fiscale le moteur du marché commun, asséchant les budgets publics à la veille d'une crise financière dévastatrice.

Puisqu'elle avait lié son adhésion au projet européen à la conquête de nouvelles protections, la gauche européenne est traversée depuis par un doute profond. Ce doute a conduit au « non » au référendum de Maastricht en 2005, au soutien hésitant du traité de Lisbonne en 2009, quitte à donner le sentiment de fouler au pied le vote des citoyens. Alors qu'elle se faisait balayer dans la plupart des pays, la gauche a fait le pire des choix : celui de la désertion européenne. C'est l'acte deux, qui s'est joué après l'élection de François Hollande. Élu le 6 mai 2012 sur la promesse de renégocier le traité de stabilité – ou d'austérité renforcée –, il ne lui fallut que quelques semaines pour mettre en scène le trompe-l'œil « pacte de croissance[4] ». Tandis que le Luxembourg et d'autres pays européens nous faisaient les poches, la rigueur s'imposait, elle qui alimente le chômage et les inquiétudes de millions d'Européens.

Le troisième acte voit Jean-Claude Juncker accéder à la présidence de la Commission européenne. Après des élections européennes difficiles pour les sociaux-démocrates, à l'exception du succès du tout juste président du Conseil italien Matteo Renzi, les conservateurs avaient la main pour former une majorité autour d'eux. D'un point de vue comptable, les conservateurs ne pouvaient pas gouverner seuls. La porte menant à une grande coalition à l'allemande semblait s'ouvrir. Les grandes coalitions sont rarement une bonne idée pour la gauche. Mais ce à quoi nous avons assisté a dépassé l'entendement. Lorsque le SPD passe une alliance avec la CDU de Merkel, il négocie l'instauration du Smic en Allemagne. Qu'a négocié la gauche européenne en échange de son soutien à Juncker ? Rien. La présidence du Parlement européen au socialiste Martin Schulz a été la seule contrepartie. Les socialistes européens ont accepté de former un gouvernement de coalition sans rien demander de précis. Ni sur le plan social ni sur le plan fiscal. La désertion du politique a atteint son sommet.

Le principal argument de Jean-Claude Juncker est implacable : il faut se serrer les coudes pour faire tenir l'Europe face à l'extrême droite. En clair, nous devrions taire nos critiques qui pourraient alimenter le Front national et ses amis. Bien mauvais calcul ! À ce jeu-là, ce sont les citoyens qui sont perdants. Perdus dans les *combinazione* d'appareils, terrifiés à l'idée d'être assimilés à l'extrême droite, les progressistes sont sommés de se taire. Chez les Verts, il y a des hésitations sincères. Comment critiquer sans alimenter la machine à détruire ? Nous sommes supposés taire nos critiques pour ne pas faire le jeu des adversaires de la démocratie. Mais c'est l'inverse qui se produit. Ce sont les incendiaires qui crient à l'incendie.

Marine Le Pen au pouvoir, ce serait évidemment pire que Jean-Claude Juncker. Et il est facile de voir ce qu'elle en ferait : leurs votes consistent le plus souvent à protéger la Russie et ses banques prêteuses au FN, à préserver le droit de grands pays comme l'Arabie Saoudite à maintenir la peine de mort, ou à défendre certains intérêts puissants dans le monde agricole. Mais elle n'est pas au pouvoir.

Plus d'un an après le scandale Luxleaks, je ne peux m'empêcher de penser que le maintien en poste de Jean-Claude Juncker est une occasion manquée. Son départ n'aurait pas tout résolu. Mais sa démission aurait pu servir d'électrochoc. Tant de mois perdus ! Aujourd'hui le FN est en position de force en France, le Brexit menace, la crise des réfugiés pèse sur l'Europe, la publication des Panama Papers a levé un nouveau voile sur le monde sans loi des paradis fiscaux, cette captation de la richesse par une minorité de dirigeants, financiers, banquiers et intermédiaires. Notre système entier a été perverti. À qui se fier quand la Société générale compte près d'un millier de sociétés offshore, dont les deux tiers créées via une filiale au Luxembourg? Quand l'ancien directeur général du Fonds monétaire international, Dominique Strauss-Kahn, regrette un jour que l'évasion fiscale prive des pays de leurs revenus pour, deux ans plus tard, gérer un fonds d'investissement au Luxembourg, conseillant ses clients dans le développement de sociétés offshore[5] ?

Il nous faut imaginer ce que pourrait être l'Europe d'après Juncker. Jean-Claude Juncker, le loup dans la bergerie, demande à ses moutons d'être patients. Nous sommes cinq cents millions dans le troupeau, animaux dociles et impuissants. Lorsqu'il s'adresse à nous, le président de la Commission se fait paternaliste : « L'Europe a atteint l'âge de la postpuberté, mais pas encore l'âge adulte », déclare-t-il[6] pour expliquer les amertumes antieuropéennes. « Il est de l'Europe comme des grandes ambitions et des grands trajets : il faut de la détermination et de la patience. » Attendez encore un peu, la désillusion d'aujourd'hui est un mal nécessaire. Des mots vides, une fois de plus. Nous n'avons pas à accepter les pathétiques justifications qui ont conduit l'Union européenne à mettre à sa tête un homme qui a employé sa carrière politique à dénaturer le projet européen au profit de son pays, en favorisant les pires pratiques du libéralisme.

Alors que les ravages du dumping et de l'évasion fiscale sont désormais éclatants, que la finance danse sur un volcan, et qu'un chômage de masse touche les jeunes du continent, nous ne pouvons pas attendre. Répétons-le avec force. Ce n'est pas à l'Europe que les Européens ne croient plus, mais à la direction qu'elle prend. Malgré la colère montante, 71 % des Européens assurent encore que si c'était à refaire, ils souhaiteraient toujours que leur pays fasse partie de l'Union européenne. Mais ils sont aussi nombreux (72 %) à considérer que l'Europe prend une mauvaise direction[7].

Une autre voie doit être ouverte. Elle passe par une stratégie de confrontation à l'échelle européenne, pour que d'un nouveau rapport de force naissent les conditions d'un nouveau compromis politique européen, plus solidaire et pleinement démocratique. Cette confrontation, Aléxis Tsípras l'a menée seul durant cinq mois avec ses 180 % de dette publique et ses 2 % de PIB européen. Sa défaite nous oblige au rassemblement des forces. Nous devons tout faire pour créer les conditions d'une réorientation politique de l'Europe.

La première bataille est une bataille pour la démocratie par la transparence pour s'attaquer aux boîtes noires de l'Europe. Si je peux comprendre que certaines réunions se tiennent à huis clos, des comptes-rendus doivent être réalisés et rendus publics à terme ou tout du moins transmis au Parlement européen et aux Parlements nationaux. Plus généralement, la plupart du temps, les parlementaires nationaux ne savent pas ce que font leurs gouvernements à Bruxelles. Les comptes-rendus qui existent déjà pour les réunions des Conseil des ministres et de certains groupes, comme celui du Code de conduite de la fiscalité des entreprises, doivent être accessibles aux parlementaires. Les parlementaires Allemands y ont déjà accès. Pourquoi pas les Français ou les Espagnols ? Si au moins les fondamentaux d'une démocratie représentative pouvaient être respectés, le double langage de nos ministres serait rendu bien plus difficile. La mise en responsabilité des gouvernants est une fonction vitale de la démocratie.

Le rôle des lanceurs d'alerte au service de la démocratie doit être enfin reconnu. Le sort d'Antoine Deltour résume à lui seul le paradoxe. Les quelques avancées obtenues en matière de lutte contre l'harmonisation fiscale, nous les lui devons. Son rôle a même été reconnu lorsqu'il fut invité par la commission spéciale taxe en juin 2015. L'ensemble des eurodéputés l'ont remercié, lui ont demandé ce qu'ils pouvaient faire pour l'aider. Résultat : ce livre va sortir au moment de l'ouverture de son procès. Nous devons être des millions à ses côtés.

La première des choses serait de revenir sur l'adoption du projet de directive secret des affaires qui va étendre une législation existante au Luxembourg à l'ensemble des pays européens. Ce secret des affaires offrirait un nouveau moyen de pression contre les journalistes ou les lanceurs d'alerte. La pétition de la journaliste Élise Lucet avait reçu plus de 450 000 signatures sans faire bouger d'un iota la députée européenne en charge du dossier, la Française conservatrice Constance Le Grip. Chacun des États membres doit adopter un cadre de protection des lanceurs d'alerte. Cela implique une reconnaissance légale, la mise en place de moyens pour transmettre des informations importantes sans risquer de perdre son travail ou d'être mis « au placard ». Cela nécessite de permettre aux lanceurs d'alerte de préserver un certain anonymat pour que le déchaînement médiatique ne brise pas des vies ou des familles. Enfin, une protection sérieuse des lanceurs d'alerte impose la création d'un fonds d'accompagnement pour affronter les conséquences des révélations. Ce fonds pourrait être financé par exemple par les amendes imposées aux banques et autres entités financières suite à certaines révélations. Permettant ainsi de protéger l'ensemble des lanceurs d'alerte, quelle que soit la nature des problèmes dénoncés.

L'euro, notre monnaie unique, est la seule monnaie qui puisse soutenir la concurrence du dollar dans le monde. Mais elle ne peut pas être utilisée sans politique budgétaire et fiscale commune. L'Europe a faim d'un idéal, d'un horizon de justice sociale. Congé maternité, indemnisation du chômage, nous devons tendre vers une régulation sociale unifiée qui tire l'Europe vers le haut quand la pression libérale tend à démanteler la protection des plus faibles.

Les Européens ont aussi soif de prospérité partagée. Pas de celles qu'on leur promet à coup d'augmentations factices du PIB et d'éclatements de bulles spéculatives, mais une prospérité durable et soutenable, qui donne un avenir aux industries européennes, qui offre un autre horizon à nos millions d'agriculteurs et paysans au bord du suicide. Une prospérité qui ne se résume pas à l'accumulation par quelques-uns de toutes les nouvelles richesses pillées aux autres, ici ou aux quatre coins du globe.

Les combats écologiques ne peuvent être menés qu'au niveau européen. Grâce à l'Europe, nous avons des règles supranationales – sur la qualité de l'eau, la qualité de l'air – qui offrent aux citoyens européens une protection que les Américains n'ont pas. La directive sur l'eau et les zones humides, par exemple, est le plus grand obstacle au développement du projet inutile de Notre-Dame-des-Landes.

Nous devons continuer sur ce chemin face aux pesticides et aux perturbateurs, pour que les règles qui nous protègent soient plus amples encore. Un exemple entre mille, pour protéger l'industrie européenne, il faut que le prix des émissions carbone soit intégré au prix de vente. Autrement dit, le prix du panneau solaire chinois vendu en Europe doit être augmenté du coût de son transport en CO_2.

La question des frontières européennes n'est plus le problème de la Grèce qui ne peut se confronter seule à la question des réfugiés. Les accords de Dublin pour l'accueil des réfugiés doivent être revus pour ne pas faire de ce pays un camp de réfugiés à ciel ouvert.

Nous avons l'obligation d'agir à l'extérieur pour que la situation intérieure ne devienne pas intenable. Il n'y aura pas non plus de politique étrangère commune possible sans une armée européenne. Il serait bien plus efficace de regrouper les défenses nationales sous un commandement unique plutôt que de continuer à dupliquer les équipements militaires.

Pour les prochaines années, après 2017 et les élections en France et en Allemagne, se posera à nouveau la question d'un changement des traités. Notre responsabilité est de faire émerger d'ici là une proposition qui puisse mobiliser les citoyens et les convaincre que l'Europe est notre affaire à tous.

Le premier enjeu sera de sortir des logiques d'unanimité, qui, en offrant le veto à chacun, permettent de bloquer tout progrès substantiel et rapide. Dans les années 2000, limitant toute véritable convergence fiscale et sociale, l'obligation d'unanimité a permis les pratiques de dumping à tout va, fragilisant la situation de millions de salariés et de petits entrepreneurs, et entraînant les États dans une course suicidaire à toujours moins d'impôts pour les plus riches et les plus grandes entreprises.

Un tel pas en avant ne viendra pas de petits marchandages entre gouvernements, et puisque ce progrès est également une nouvelle étape dans la création d'une souveraineté européenne, il me semble normal d'en passer par une assemblée constituante qui pourrait être issue des prochaines élections européennes en 2019.

Enfin, il ne faut pas sous-estimer la difficulté de franchir tant de marches à 28. C'est pourquoi si les blocages devaient persister, il me semblerait normal qu'un petit groupe de pays puisse s'accorder sur la création d'un espace politique, économique et social unique, débarrassé de ces mécanismes de concurrence qui nous mettent à genoux. Une poignée de pays peuvent inventer une nouvelle coopération, sans dumping fiscal et social, une utopie du XXIe siècle.

Née à Oslo, ayant fait ma vie de femme en France, je sais tout ce qui nous rassemble. Des millions de jeunes vont étudier dans d'autres pays. Nous pourrions continuer dans cette voie et élargir ces possibilités à tous les métiers et apprentissages.

Ceux qui arrivent à l'âge adulte ont de grands rêves à accomplir. À nous de faire place nette et de passer le témoin. Il faut redonner un cœur vivant à l'Union, rebâtir un noyau central de pays qui coopèrent sans arrière-pensées. Une poignée de pays peuvent inventer une nouvelle coopération, sans dumping fiscal et social, une utopie du XXIe siècle.

Je suis le témoin de la face sombre de nos institutions, dont ce livre fait largement écho en déroulant le fil de la vie et l'œuvre de Jean-Claude Juncker. Mais je crois possible de reprendre notre destin en mains. Oui je rêve encore d'Europe, plus que jamais.

Glossaire

BEPS

Base Erosion and Profit Shifting (en français, « érosion de la base d'imposition et transfert des bénéfices »). Ce sont les règles sur lesquelles se sont mis d'accord les pays du G20 à l'automne 2015 après des années de négociations pour empêcher de déplacer les bénéfices. C'est un pas en avant même s'il reste insuffisant comme le montre l'étude que les Verts ont coconduite sur Ikea et qui détaille comment la firme arrive à contourner les règles en place.

Big Four

L'expression désigne les quatre plus gros cabinets de conseil en audit, management et fiscalité (Deloitte, Ernst & Young, PricewaterhouseCoopers et KPMG). Véritable gangrène internationale, ils parviennent superbement à éviter les critiques depuis le scandale

Luxleaks alors que leur activité, loin de leur image de tristes comptables, consiste à commercialiser leur expertise en niches fiscales. Les plus gros conflits d'intérêts résident au sein même de ces cabinets, qui peuvent cumuler des activités de conseil aux entreprises et aux États. Présents partout, ils sont aux premières loges pour apprécier les niches fiscales que pourront exploiter et combiner leurs clients. Bien qu'ils soient régulièrement cités dans la plupart des derniers scandales financiers ou fiscaux, leurs affaires ne se sont jamais aussi bien portées et ils ont admirablement échappé aux feux déclenchés par le scandale Luxleaks. On en cite quatre, mais d'autres entreprises de plus petite taille exercent les mêmes activités.

Bureau 6 ou Société 6

C'est le bureau d'imposition des sociétés de l'administration fiscale luxembourgeoise dirigé par le désormais célèbre Marius Kohl, fonctionnaire qui fut pendant des années l'interlocuteur des cabinets d'avocats et des Big Four et n'a jamais voulu venir expliquer devant les parlementaires européens comment il travaillait et quelle connaissance ses supérieurs avaient de ses activités. Son fonctionnement a été revu depuis 2015, mais sans beaucoup plus de transparence.

Grande coalition

Accord entre le PPE (droite) et le S&D (gauche) pour tenter de contrer les partis antieuropéens. Sans feuille de route, cette alliance de la droite et de la gauche provoque un grand immobilisme au Parlement, pousse à des renvois d'ascenseur sans convictions politiques, et tend à marginaliser les autres partis, comme les Verts.

Commission européenne

Gouvernement de l'Europe dont les commissaires sont des ministres. Chaque pays, petit ou grand, y a un commissaire et on invente de nouveaux domaines quand il y a de nouvelles adhésions. La Commission est placée sous la direction de son président (Juncker), entouré – c'est nouveau – de plusieurs vice-présidents. Elle a l'initiative des lois (directives). Les textes sont votés ensuite par le Conseil et parfois avec le Parlement.

Conseil européen

Institution officielle de l'Union européenne composée des chefs d'État ou de gouvernement. À ne pas confondre avec le Conseil de l'Union européenne, ni avec le Conseil des ministres européens qui traite de domaines définis (agriculture, affaires étrangères…), ni avec le Conseil de l'Europe, organisation intergouvernementale, qui n'est pas une institution de l'Union européenne, et compte 47 pays dont les 28 de l'Union européenne.

Ne culpabilisez pas si vous vous y perdez, la médiatrice de l'Union européenne reconnaît que son propre mari n'a toujours rien compris non plus[1].

Eurogroupe

Groupe des ministres des Finances des pays membres de la zone euro qui se réunit régulièrement pour coordonner leurs politiques économiques. Après avoir été lancé puis présidé par Jean-Claude Juncker, il l'est depuis 2013 par Jeroen Dijsselbloem, une autre figure ayant cherché à bloquer les réformes fiscales européennes. Il est supposé être un groupe informel – ce caractère est même précisé dans un traité – mais il a plus de poids que le Conseil des ministres des Finances à 28 (Ecofin) et travaille sans aucun contrôle du Parlement. On l'a vu à l'occasion du traitement de la crise grecque dont le Parlement européen a été exclu.

ICIJ

International Consortium of Investigative Journalists (en français, « Consortium international des journalistes d'investigation »). Ce collectif rassemble plus de 190 journalistes de plus de 60 nationalités différentes qui mutualisent leurs ressources. Il dépend d'une association à but non lucratif américaine. Il s'est fait connaître par ses révélations sur la fraude fiscale (Offshore Leaks, Swiss Leaks, Luxleaks, Panama Papers).

Lobbies

Bruxelles compte au moins 20 000 lobbyistes, soit quatre fois plus que de diplomates (5 400)[2] ! Parmi eux, 8 686 sont inscrits officiellement.

Leur activité représente un budget annuel de lobbying compris entre 953 millions et 1,169 milliard d'euros.

Luxleaks

Nom donné au scandale révélant, en 28 000 pages de documents, les accords secrets conclus par 343 grandes entreprises avec les autorités fiscales luxembourgeoises. Il a été mis au jour par un consortium d'une quarantaine de rédactions (ICIJ). Une deuxième salve publiée un mois plus tard élargissait le nombre d'accords conclus à 35 autres entreprises (parmi lesquelles Skype, Disney ou Telecom Italia) et d'autres cabinets de conseil fiscal.

Parlement européen

Organe supposé représenter démocratiquement les citoyens. Contrairement aux véritables Parlements, il n'a pas l'initiative des lois et de l'agenda (qui revient à la Commission). Il est depuis le traité de Lisbonne, rentré en vigueur en 2009, colégislateur dans les domaines importants : libertés publiques, agriculture, régulations financières… Pour les traités internationaux, il a le droit de véto mais il n'a pas de pouvoir de négociation – il ne peut qu'approuver ou rejeter.

Le Parlement reflète les opinions politiques de chaque pays. Comme l'Europe vit un mouvement très à droite, il est aujourd'hui très conservateur.

PPE

Parti populaire européen. C'est aujourd'hui le premier groupe politique au Parlement, il rassemble les grands partis de droite, dont Les Républicains pour la France. En sont aussi membres la droite polonaise et la droite hongroise, ce qui explique qu'on réagisse aussi peu aux abus du président Orbán en Hongrie ou du président polonais Andrzej Duda.

Prêts adossés

Système par lequel un dépôt d'espèce est maquillé en prêt qu'il est prévu de ne pas rembourser. Son auteur fait un dépôt en espèces dans une filiale d'une banque à l'étranger – au Luxembourg, par exemple – du même montant qu'un prêt délivré en France. Un prêt adossé suppose la complicité de la banque qui sait qu'il s'agit de blanchiment d'argent.

Rescrits fiscaux (ou tax rulings)

Accords négociés individuellement entre les autorités fiscales d'un pays et des entreprises (le plus souvent des multinationales), qui permettent à une entreprise d'obtenir un engagement écrit sur le traitement fiscal qui va lui être réservé. La très grande majorité des pays de l'Union européenne en produisent. Le Luxembourg en a fait une usine. À la grande époque, la production annuelle frisait les 2 000 par an[3].

Spitzenkandidat

Système d'élection du président de la Commission européenne. Les grands partis transnationaux présentent un candidat pour la tête de la Commission européenne.

Notes

Avant-propos

1. 38 % des Européens ne s'identifient qu'à leur pays et pas à l'Europe, soit 3 points de moins qu'il y a dix ans. 60 % des Européens disent partager leur identité avec d'autres hors de leur pays. Ils étaient 51 % il y a cinq ans (Eurobaromètre de la Commission européenne, mai 2015).
2. S'ils restent majoritairement attachés au projet européen, indique une étude du Pew Center à Washington, les Européens ne croient pas que l'intégration économique ait profité à l'économie.
3. En juillet 2014, quand Juncker passe devant le groupe politique de Jean Arthuis (les centristes de la Alde) pour avoir le soutien de ses eurodéputés pour son élection.

1. Des hauts-fourneaux à la tête de l'Europe

1. Chaque jour, 150 000 frontaliers viennent travailler au Luxembourg.
2. Tableau de bord, Paperjam, novembre 2015.
3. « "Je regardais les ouvriers", Jean-Claude Juncker au sujet de ses souvenirs d'enfance », Isabelle Ducreuzet, gouvernement.lu, 27 mai 2009.

4. « Jean-Claude Juncker, un équilibriste sur le banc des accusés », Claire Gattinois, *Le Monde*, 6 novembre 2014.
5. GL Events.

2. Bienvenue au Luxembourg, pays le plus riche du monde
1. « Les Luxembourgeois en France et à Paris au XIXe siècle », Antoinette Reuter, *Plurielles*. En 1901, les 3000 « gens de maison » luxembourgeois en France ne sont quasiment que des femmes.
2. Exposition « Pauvre Luxembourg ? », Musée d'histoire de la ville de Luxembourg, 2012.
3. Source FMI.
4. « Das Luxemburg-Prinzip », Christoph von Pauly, *Der Spiegel*, 12 septembre 2015.
5. « Pierre Gramegna : "Notre pays est très dynamique" », Denis Berche, L'essentiel, 17 février 2016.
6. Luxemburg, Europe's Bellwether, Carnegie Europe, janvier 2016.
7. « Business-Friendly Bureaucrat Helped Build Tax Haven in Luxembourg », Matthew Karnitschnig, Robin van Daalen, *The Wall Street Journal*, 21 octobre 2014.
8. « Luxembourg, Europe's Bellwether », Caroline de Gruyter, Carnegie Europe, 26 janvier 2016.
9. « L'industrie des fonds voit plus d'opportunités », Mathieu Vacon, L'essentiel, 2 février 2016.
10. D'après une analyse des adresses d'entreprise par le ICJ (consortium international des journalistes d'investigation).
11. « Le Luxembourg conserve un talon d'Achille », Camille Frati, Paperjam, 6 avril 2016.
12. En six ans, le nombre d'employés d'EY au Luxembourg est passé de 750 à 1 200 personnes !
13. PWC est le 6e employeur du Luxembourg !

3. L'Europe, une belle réussite… pour le Luxembourg
1. « Les Luxembourgeois, ces europhiles rationnels », Alain Ducat, Paperjam, 9 mai 2014.

2. Eurobarometer poll mai 2015.
3. Tableau de bord, Paperjam, novembre 2015.
4. Musée de la ville de Luxembourg.
5. Ce n'est qu'en 2016 qu'il rentrera dans le *Who's Who* en France. Non pas que ce soit une référence en matière d'accomplissements, mais plutôt de visibilité...
6. « Jean-Claude Juncker. Euroïque », Nathalie Dubois, *Libération*, 10 février 2013.
7. « Europe : Juncker, Schulz, amicalement vote », Jean Quatremer, *Libération*, 14 mars 2014.
8. La France et l'Italie en ont eu deux.
9. « The Accidental President », *The Economist*, 28 juillet 2014.
10. Créé sur la base d'une réunion informelle par le conseil européen d'Amsterdam de juin 1997, l'Eurogroupe, dont le nom ne sera officiellement adopté qu'en 2000 à l'issue du Conseil européen de Nice — est initialement présidé par le ministre des Finances de l'État, membre alors en charge de la présidence du conseil de l'Union européenne.
11. Octobre 2009.

4. Les révélations de Luxleaks
1. Les filiales luxembourgeoises d'entreprises américaines ont pu bénéficier d'un taux d'imposition effectif de 0,4 %, a même calculé Kimberly Clausing, professeur d'économie au Reed College d'Oregon, citée par le *Wall Street Journal*.
2. « Luxembourg Tax Leak Puts EU's Juncker Under Further Pressure », Matthew Karnitschnig, *The Wall Street Journal*, 6 novembre 2014.
3. Discours d'ouverture de plénière du parlement européen, 15 juillet 2014.
4. « In conversation with John Parkhouse, our CEO », PWC.
5. Après tout, ça a marché pour la Suisse, explique la responsable de cette campagne d'image au *New York Times*... « Luxembourg goes in for an image makeover », Claire Barthelemy, *The New York Times*, 24 novembre 2015.

6. François Hollande, qui exprima sa gratitude aux lanceurs d'alerte des Panama Papers, a indiqué pour le procès d'Antoine Deltour « faire confiance à la justice luxembourgeoise. »

5. Le chef de clan

1. Classement 2013, après la Suisse.
2. « Tony Blair to discuss Brexit with Jean-Claude Juncker », Matthew Holehouse, *The Telegraph*, 22 janvier 2016.
3. Dans un entretien au *Monde* en 2010, et à *Libération* (« Jean-Claude Juncker. Euroïque » de Nathalie Dubois, 10 février 2013). On approche la vingtaine aujourd'hui.
4. « Qui sont les champions des sommets européens ? », Aymone Lamborelle, Georgi Gotev, EurActiv.fr, 9 mars 2016.
5. « Jean-Claude Juncker, un Européen presque parfait », Marion Van Renterghem, *Le Monde*, 19 janvier 2010.
6. Kohl, chancelier si longtemps, chuta sur un conflit d'intérêt et une affaire de caisse noire. Devenu non grata, plus aucun élu allemand ne se montrait publiquement avec lui. Juncker fut le seul homme d'une certaine renommée alors à aller le voir.
7. *DSK au FMI, enquête sur une renaissance*, Stéphanie Antoine, Seuil, 2011.
8. Les embrassades de Juncker ont même fait l'objet d'un tumblr : junckerkisses.tumblr.com
9. D'après *The Independent*, il a cherché à faire modifier les règles du Parlement pour pouvoir fumer dans les bâtiments de Bruxelles.
10. « David Cameron told to RESIGN if he loses EU referendum – by his own party », Katie Mansfield, *Express*, 6 mars 2016.
11. Le 22 novembre 2008.
12. M. Juncker juge le rapport sur le Luxembourg « excessif » et « ridicule », AFP, 22 janvier 2002.
13. M. Juncker juge le rapport sur le Luxembourg « excessif » et « ridicule », AFP, 22 janvier 2002.
14. Pour s'en faire une idée, lire « DCNI laisse choir sa boîte à pots-de-vin », Véronique Poujol, Paperjam, 20 mai 2015.
15. Quinze millions en 2015, selon le ministère de la Défense.
16. « How Juncker and Luxembourg landed Silicon Valley's biggest catch », Alex Barker, Vanessa Houlder, *Financial Times*, 11 décembre 2014.

6. L'impossible enquête

1. « La Commission européenne lance une enquête sur des "tax rulings" en Belgique », Cécile Ducourtieux, *Le Monde*, 3 février 2015.
2. « How the Benelux blocked anti-tax haven laws », *Der Spiegel*, 6 novembre 2015.
3. Plaisanterie d'un collègue député à propos de la façon dont Ikea a répondu en nous invitant à déjeuner.
4. On mesure là encore les trop faibles pouvoirs du Parlement européen. Devant le Congrès américain, la balade aurait été bien moins tranquille, nous a assuré l'aide d'un Sénateur américain.
5. L'intitulé exact est « affaires économiques et financières, fiscalité et douane ».
6. « For some EU Commissioners, there's no place like home », Valentina Pop, *The Wall Street Journal*, 20 avril 2015.
7. 17 septembre 2015.

7. L'autre bilan fiscal

1. Entretien au *Soir*, 27 novembre 2014.
2. Entretien au *Soir* et à sept quotidiens européens, 27 novembre 2014.
3. Audition de la commission Taxe, 17 septembre 2015.
4. Contrairement à l'Allemagne, on peut au Luxembourg toucher ses coupons sans retenue à la source.
5. « Luxembourg, Europe's Bellwether », Caroline de Gruyter, Carnegie Europe, 26 janvier 2016.
6. Dans un prêt adossé, la banque fait semblant de prêter de l'argent alors que dans ses comptes elle a déjà son remboursement.
7. Il cumulera les deux fonctions jusqu'en 2009.

8. La suradaptation de la loi

1. « How Juncker and Luxembourg landed Silicon Valley's biggest catch », Alex Barker, Vanessa Houlder, *Financial Times*, 11 décembre 2014.
2. « Une merveilleuse amitié », interview au *Lëtzebuerger Land*, 22 août 2014.

3. Cité par Dan Israel, conférence évasion fiscale et régression sociale, 9 décembre 2015.
4. *Le Quotidien* du 19 mars 2004.
5. *La Revue.*

9. Un système sans responsable
1. Il a pris sa retraite en 2013.
2. La commission spéciale taxes aurait été ravie de le rencontrer mais il n'a pas souhaité témoigner.
3. « Un ruling, ça engage », Véronique Poujol, Paperjam, 12 mars 2016.
4. « Business-Friendly Bureaucrat Helped Build Tax Haven in Luxembourg », *The Wall Street Journal*, 21 octobre 2014.
5. Krecké l'a reconnu dans une interview de novembre 2014.
6. « Rapport Krecké, le mystère enfin levé », Véronique Poujol, Paperjam, 30 septembre 2015.

10. Bloquer l'Europe pour protéger le Luxembourg
1. «Paradis fiscaux : tout reste à faire», Entretien de Gabriel Zucman au *Monde*, 7 novembre 2013
2. « LuxLeaks : Jean-Claude Juncker, un équilibriste sur le banc des accusés », Claire Gatinois, *Le Monde*, 6 novembre 2014.
3. «Pourquoi un système (...) celui des décisions à l'unanimité que personne n'oserait proposer pour régler les problèmes de notre vie nationale, qui dans ce cas, paraîtrait à la fin impossible, absurde, inefficace, deviendrait-il bon quand il s'agit de régler les problèmes qui se posent au sein d'une Communauté d'États?» PHS.
«Une seule solution: l'Europe tout de suite», Le soir, 1972, cité dans *Le Coq et la Perle* de Sylvie Goulard, Seuil, 2007.
4. « Tax haven blacklist omits Luxembourg as Brussels announces reform plans », Simons, Bowers et Arthur Neslen, *The Guardian*, 17 juin 2015.

11. Le grand trompe-l'œil juridique
1. En échange de quoi la France a-t-elle pu garder sa TVA à 5,5 % sur la restauration, ou son crédit d'impôt recherche?
2. Chiffres de la Commission européenne.

12. La kleptocratie organisée

1. « How the Benelux blocked anti-tax haven laws », *Der Spiegel*, 6 novembre 2015.

2. « La fabrique de rulings au ralenti », Véronique Poujol, Paperjam, 23 septembre 2015.

3. « Dans l'arrière boutique du wealth management », Véronique Poujol, Paperjam, 27 septembre 2015.

4. « Remaniement du conseil de la CSSF », Nicolas Raulot, Paperjam, 18 janvier 2013.

5. « Sarah Khabirpour recrutée par la BIL », Véronique Poujol, Paperjam, 3 mai 2014.

6. Jacques Poos.

7. Les informations de ce chapitre sont tirées d'une longue enquête du Spiegel, « Das Luxemburg-Prinzip », 12 septembre 2015.

8. Un représentant de Protinvest a demandé à Juncker à en connaître les montants. Il a répondu que c'était confidentiel.

9. Pour le ministre de l'Économie Etienne Schneider, affirme *Der Spiegel*, elles ont représenté plus de 100 000 euros par an, quand il était haut-fonctionnaire.

10. « Jeannot Krecké, administrateur pressenti de CCBC », Véronique Poujol, Paperjam, 28 octobre 2013.

11. Il a défendu le même point de vue dans l'émission Background, sur RTL Luxembourg.

12. Il a depuis pris la tête du groupe de presse qui publie le Luxemburger Wort et du conseil d'administration de la Banque Internationale luxembourgeoise avec le soutien de l'actionnaire qatari de la banque.

13. *The Wall Street Journal*, blog Real Time Brussels.

13. Quand le politique dort, les lobbys dansent

1. « Obama guru maps out Uber new Europe strategy », Politico, 15 septembre 2015.

2. Entretien avec Martin Pigeon, CEO

3. « Google has a new head of EU affairs », Politico, 15 octobre 2015.

14. L'homme qui reste accroché à son poste

1. Le journaliste luxembourgeois Christoph Bumb le raconte dans son livre *Blau-Rot-Grün Hinter den Kulissen eines Machtwechsels.*

15. L'opacité contre la démocratie

1. Depuis le Traité de Lisbonne.
2. À quelques exceptions près.
3. Leur *spitzenkandidat* pour reprendre le mot allemand.
4. « Martin Schulz/Jean-Claude Junker : duel pour l'Union », Jean-Michel Demetz, L'Express.fr, 21 avril 2014.
5. 221 sur 751, le premier parti donc, mais représentant moins d'un tiers des sièges.
6. Il faut faire la différence entre le Conseil de l'Europe (à 43 membres) et le Conseil institution de l'Union europénne, *cf.* le glossaire en fin de livre.
7. Mais pas pour de bonnes raisons : la Hongrie ne le trouve pas assez conservateur et les Anglais le jugent trop européen et fédéraliste.
8. « Juncker : la raison plus que le cœur », chronique de Dominique Seux sur France Inter, 16 juillet 2014.
9. « Jean-Claude Junker. Euroïque », Nathalie Dubois, *Libération*, 10 février 2013.
10. Au journal belge *Le Soir.*
11. L'ONG hollandaise SOMO a dénoncé par exemple l'évasion fiscale pratiquée en Grèce par une entreprise d'extraction minière, par la voie de filiales « boîtes aux lettre » installée aux Pays-Bas.
12. Conférence d'avril 2011.
13. « Jean-Claude Junker, le revenant », Philippe Ricard et Jean-Pierre Stroobants, *Le Monde*, 26 juin 2014.
14. « The most exclusive dining club in Brussels », Tara Palmeri, Politico, 18 juin 2015.
15. « Summer crisis tests Europe's new nationalisms », Alastair Macdonald, Reuters, 17 août 2015.

16. Tafta, cerise sur le gâteau de Juncker

1. « Tafta : une attaque camouflée sur la démocratie et les normes de réglementation », Corporate Europe Observatory, Friends of the Earth Europe et Lobby Control, septembre 2014.

17. L'Europe d'après

1. Forum de *L'Obs*.
2. Jean-David Levitte
3. L'Europe sociale s'est résumée à une annexe au traité d'Amsterdam.
4. Lors du sommet européen des 28 et 29 juin.
5. « Le business offshore de LSK, l'ex-fonds d'investissement de Strauss-Kahn », *Le Monde*, 6 avril 2016.
6. Entretien au *Soir*, 22 juillet 2015.
7. Enquête What do the people want, Bertelsmannsfitung, 2015.

Glossaire

1. « Has Europe reached the breaking point? », Jim Yardley, *The New York Times*, 15 décembre 2015.
2. Rapport Brussels-Europe, The Figures 2016.
3. « La fabrique de rulings au ralenti », Véronique Poujol, Paperjam, 23 septembre 2015.

Table

L'exemplaire que vous tenez entre les mains
a été rendu possible grâce au travail de toute une équipe.

Couverture : François Dézafit
Mise en page : Daniel Collet (In Folio)
avec Constance Rossignol
Révision : Sarah Ahnou
Fabrication : Maude Sapin

Commercial : Pierre Bottura
Communication : Isabelle Mazzaschi
avec Adèle Hybre et Thyphaine Maison
Relations libraires : Jean-Baptiste Noailhat

Diffusion : Élise Lacaze (Rue Jacob diffusion), Katia Berry (grand Sud-Est), François-Marie Bironneau (Nord et Est), Charlotte Knibiehly (Paris et région parisienne), Christelle Guilleminot (grand Sud-Ouest), Laure Sagot (grand Ouest) et Diane Maretheu (coordination), avec Christine Lagarde (Pro Livre) Béatrice Cousin et Laurence Demurger (équipe Enseignes), Fabienne Audinet et Benoît Lemaire (LDS), Bernadette Gildemyn et Richard Van Overbroeck (Belgique), Nathalie Laroche et Alodie Auderset (Suisse), Kamel Yahia et Kimly Ear (Grand Export).

Distribution : Hachette

Droits France et juridique : Geoffroy Fauchier-Magnan
Droits étrangers : Catherine Farin avec Laurence Zarra

Envois aux journalistes et libraires : Patrick Darchy
Accueil du 27 rue Jacob : Fadéla Hassani
Librairie du 27 rue Jacob : Ariane Geffard
Comptabilité et droits d'auteur : Christelle Lemonnier
avec Camille Breynaert
Services généraux : Isadora Monteiro Dos Reis

Achevé d'imprimer en France en avril 2016 sur les presses de Normandie Roto Impression s.a.s. à Alençon (Orne)

ISBN : 978-2-35204-469-7
N° d'impression : 1601738

Dépôt légal : avril 2016